本书为教育部人文社会科学研究青年基金项目“金融安全视角下混业经营行为法律限制制度的显性化研究”（19YJC20065）的最终成果

金融安全视角下混业经营行为法律限制制度的显性化研究

杨海瑶 著

知识产权出版社
全国百佳图书出版单位
—北京—

图书在版编目（CIP）数据

金融安全视角下混业经营行为法律限制制度的显性化研究 / 杨海瑶著．—北京：知识产权出版社，2022.12

ISBN 978－7－5130－8484－0

Ⅰ.①金…　Ⅱ.①杨…　Ⅲ.①金融法—研究—中国　Ⅳ.①D922.280.4

中国版本图书馆 CIP 数据核字（2022）第 225025 号

责任编辑： 刘　雪　　**责任校对：** 王　岩

封面设计： 乾达文化　　**责任印制：** 孙婷婷

金融安全视角下混业经营行为法律限制制度的显性化研究

杨海瑶　著

出版发行： 知识产权出版社有限责任公司　　**网　　址：** http：//www.ipph.cn

社　　址： 北京市海淀区气象路 50 号院　　**邮　　编：** 100081

责编电话： 010－82000860 转 8112　　**责编邮箱：** jsql2009@163.com

发行电话： 010－82000860 转 8101/8102　　**发行传真：** 010－82000893/82005070/82000270

印　　刷： 北京建宏印刷有限公司　　**经　　销：** 新华书店、各大网上书店及相关专业书店

开　　本： 720mm×1000mm　1/16　　**印　　张：** 10.75

版　　次： 2022 年 12 月第 1 版　　**印　　次：** 2022 年 12 月第 1 次印刷

字　　数： 170 千字　　**定　　价：** 68.00 元

ISBN 978－7－5130－8484－0

前言

20世纪末，我国金融机构开始从事混业经营活动。近年来，金融混业经营规模不断扩张、组织机构日益复杂，利益输送、虚增杠杆、监管套利等乱象亦有不同程度的显现，某些大型金融集团的高风险混业经营行为更是深刻影响着我国的金融安全。2008年全球金融危机正是高风险混业经营活动超过法律限度，进而危害整体金融安全的结果。

随着金融混业经营的深化发展，我国金融机构的业务和组织逐渐扩张，混业经营产生的问题也逐渐凸显。为了防范金融混业经营可能产生的风险，监管机构对金融混业经营活动的限制必不可少，相应的金融监管也应逐渐加强。然而在混业经营的监管实践中，由于我国金融监管机构的行政属性和金融发展主导地位，不可避免地导致金融监管目的实现以及规则运行行政化。由行政机关监管金融活动，尤其是较为灵活的金融混业经营活动，相较于金融司法更易于应对金融市场突发的各类事件和危机。然而，过于灵活的行政监管极易促使金融监管部门对其产生依赖，进而发展出一系列“隐性化”行政监管规则，难以保障市场机制有效运行。同时，高度自由的行政裁量与碎片化的监管法律又时常与市场意志相背。因此，应当发挥金融法律在跨业风险防范中的积极作用，以完善混业经营法律限制制度方式推动我国混业经营的规范发展，即混业经营行为法律限制制度的显性化。

我国现行金融业法律对混业经营行为的类型和法律限制规定模糊，在实践中对金融混业经营乱象往往以行政规范、通知甚至行政命令的方式予以直接禁止。而禁止的行为和条件多由行政机构裁量，经常因监管机构差异、金融形势变化产生互相冲突的处理结果。以隐性的行政限制代替显性法律规范的方式，既导致金融机构无法开展正当的混业经营活动，也无法有效防范混业经营行为可能产生的跨业风险。因此，在我国金融监管整合和混业经营深化发展的进程中，研究金融混业经营行为禁止性规范的显性化和系统化，弥补混业经营“监管短板”，保障金融安全确有必要。

混业经营活动的法律限制规范主要存在于金融服务法、金融控股公司法，以及银行法、证券法、保险法等金融基本法中。金融服务法在调整对象和立法成本方面不具备全面规制混业经营活动的合理性。以机构监管为核心的分业态金融立法，也表现出对混业经营的不适应。而金融控股公司法在规范事项和制度基础方面更适宜对我国金融混业经营活动进行整体规范。因此，我国金融混业经营活动进行规制的法律形式应当采取以金融控股公司法为主导、各业态金融基本法为补充的模式。

对金融混业经营活动进行法律限制的核心是确定限制业务的类型，应当以金融风险防范为导向，确立利益冲突行为、可能引发安全网扩散行为、损害消费者利益行为、可能引发系统性风险行为等四种类型作为限制业务的主要方向。同时考量特定目的、交易对象和业务规模等法律限制的例外情况，以实现安全价值、效率价值和自由价值之间的平衡。

对混业经营活动进行法律限制的最终实现要依赖相应责任制度的确立，应当确立系统重要性金融机构在跨业经营风险中的加重责任，并明确违背混业经营限制性规定行政责任、民事责任、刑事责任和新型责任。

目　录 Contents

第一章

金融实务和司法实践中的混业经营异化现象

混业经营是指商业银行、证券公司、保险公司等机构将业务互相渗透、交叉，而不仅仅局限于自身分营业务范围的经营方式。20世纪末，随着社会经济的发展以及金融全球化的推进，我国金融业也逐渐由分业向混业转变。在对金融业的管理方面，我国于1993年正式颁布《国务院关于金融体制改革的决定》，其中明确规定国有商业银行不得对非金融企业投资，对保险业、证券业、信托业和银行业实行分业经营。之后我国于1995年和1998年先后颁布《中华人民共和国商业银行法》（2015已修正，以下简称《商业银行法》）、《中华人民共和国保险法》（2018已修正，以下简称《保险法》）与《中华人民共和国证券法》（2019已修订，以下简称《证券法》），以立法的形式确立了我国金融分业经营体制。伴随着金融分业经营体制的确立，我国又相继成立中国证券监督管理委员会（以下简称中国证监会）、中国保险监督管理委员会（以下简称中国保监会）、中国银行业监督管理委员会（以下简称中国银监会）①，以此确立了金融分业监管体制。由此可见，我国的金融监管法律是按照传统的“分业经营、分业监管”的原则制定和实施的，但在实践中，因各机构之间业务的渗透和交叉，金融混业经营一直存在，且趋势日渐增长，这就意味着在混业经营的背景下，我国金融监管体制和金融监管法律都面临着新的挑战。

---

① 2018年3月，第十三届全国人民代表大会第一次会议批准了《国务院机构改革方案》，决定组建中国银行保险监督管理委员会（以下简称中国银保监会），不再保留中国银监会和中国保监会。

第一节　我国金融混业经营的原因

一、我国商业银行选择混业经营的原因

（一）利率市场化改革的深化要求商业银行向混业经营模式转型

在利率市场化条件下，利率的波动幅度加大，利率长期呈下降趋势，这使得存贷业务的利差减小，也给商业银行的盈利能力带来巨大挑战。我国商业银行长期以经营传统存贷业务、赚取利差为主要盈利模式。2011年，我国商业银行利息收入在总收入中所占比重平均为82.3%，而国外先进商业银行的利息收入则小于总收入的50%。[①] 因此，自2012年至2014年，我国商业银行逐渐扩大业务范围、发展多种混业经营业务，部分商业银行非利息收入在总收入中所占比重逐年上升（见表1-1）。2016年前三个季度首次实现了大型银行利息收入的负增长，其中中国农业银行、中国工商银行、中国建设银行利息收入占比增长率分别为-9.3%、-7.5%和-7.3%。[②] 2017年，中国人民银行发布的《中国金融稳定报告2017》中指出，截至2016年年底，我国银行业金融机构表外业务余额为253.52万亿元（含托管资产表外部分），表外资产规模相当于表内总资产规模的109.16%，比上年末提高12.04个百分点。[③]

① 巴曙松、严敏、王月香：《我国利率市场化对商业银行的影响分析》，载《华中师范大学学报（人文社会科学版）》2013年第4期。

② 王雅娟：《上市银行2016年前三季度经营业绩分析》，载《中国城市金融》2016年第11期。

③ 中国人民银行金融稳定分析小组编：《中国金融稳定报告2017》，中国金融出版社2017年版，第49页。

表 1－1　2012—2014 年部分商业银行非利息收入占比情况

年份	部分商业银行非利息收入占比										
	中国工商银行	中国农业银行	中国银行	中国建设银行	交通银行	招商银行	上海浦东发展银行	中信银行	兴业银行	平安银行	中国民生银行
2012	22.2%	18.9%	29.8%	23.3%	18.5%	22.1%	11.5%	15.6%	17.6%	16.9%	25.2%
2013	24.8%	18.6%	30.4%	23.4%	20.5%	25.4%	14.8%	18.0%	21.5%	22.0%	28.3%
2014	28.8%	24.2%	36.3%	29.9%	27.8%	35.9%	21.6%	25.72%	25.7%	28.3%	32.1%

资料来源：根据相关商业银行年报、官方网站披露数据整理而成。

2019 年 11 月 25 日，中国人民银行公布《中国金融稳定报告（2019）》，显示截至 2018 年年末，银行业金融机构表外业务余额为 338.42 万亿元（含托管资产表外部分），同比增长 12.02%。表外资产规模相当于表内总资产规模的 126.16%（分母为法人口径资产），比上年末上升 6.47 个百分点。其中，担保类 20.66 万亿元，承诺类 24.46 万亿元，金融资产服务类 188.8 万亿元。[①]

2021 年银行业金融机构的净息差进一步降低，达到 1.98%，比 2020 年下降 0.09%，这也是商业银行不断展开混业经营的持续动力。[②]

（二）金融脱媒现象加剧了我国商业银行传统业务的资金流失

金融脱媒是指在金融管制的情况下，资金供给绕开商业银行体系，直接输送给需求方和融资者。[③] 随着直接金融的发展，我国金融脱媒现象逐年显著，2002 年至 2012 年间非信贷类融资规模从 900 亿元快速增加至 6.6 万亿元，增长了 72 倍，占社会融资规模的比重从 4.5% 持续提高至 42.1%；而信

① 中国人民银行发布《中国金融稳定报告（2019）》，载中国人民银行网站 http://www.pbc.gov.cn/goutongjiaoliu/113456/113469/3927456/index.html，2021 年 5 月 3 日访问。

② 中国人民银行发布《中国金融稳定报告（2021）》，载中国人民银行网站 http://www.pbc.gov.cn/goutongjiaoliu/113456/113469/4332768/index.html，2022 年 3 月 7 日访问。

③ 任碧云、程茁伦：《金融脱媒对中国商业银行资产负债业务冲击的动态影响——基于 VAR 模型的实证研究》，载《中央财经大学学报》2015 年第 3 期。

贷类融资规模仅增长不到5倍，占社会融资规模的比重从95.5%持续下降至57.9%。[①] 金融脱媒使得企业可以通过发行债券或股票的方式获得融资，令商业银行贷款业务减少；而储户也有了储蓄之外的投资选择，最终，总的储蓄资金减少了。金融脱媒削弱了商业银行传统银行业务的盈利能力，迫使商业银行改变的盈利模式，推动了商业银行从传统存贷业务向多样化混业经营业务发展。

（三）来自外资银行、互联网金融模式、新兴民营银行的竞争压力也是我国商业银行转变经营模式的推动力

随着金融全球化和人民币国际化，我国商业银行将面对拥有丰富混业经营经验的外资银行带来的竞争压力。采用分业经营的运营模式存在业务创新不足、服务种类单一、业务规模有限等问题，会导致我国商业银行在竞争中处于不利地位。同时互联网金融模式对传统银行运营模式的挑战及我国民营银行的快速发展，都加剧了银行业的竞争。这些都促使我国商业银行选择对传统业务模式进行突破，走向混业经营道路。

近年来，随着《商业银行法》《保险法》《证券法》等金融基本法律对禁止混业经营相关条款的放松，我国商业银行开始不断进行金融创新，拓展混业经营业务范围。同时，我国大型商业银行从20世纪末就已经开始了海外金融集团的创立和布局。经过不断地并购与新设，目前中国工商银行、中国建设银行、交通银行等大型商业银行都已经拥有了较为完备的金融集团组织形态，并通过金融集团的子公司展开多种金融混业经营活动。

二、我国保险公司选择混业经营的原因

（一）混业经营有利于我国保险公司增强自身竞争力

保险公司的利润主要由承保利润和投资利润两部分组成。目前国内保险市场正日趋饱和，业内竞争压力极大，单纯通过降低保险费率的方式争取市场，将导致承保利润不断下降，这显然是不经济而且低效率的。此时注重投资利润的获取将是有效的解决办法。混业经营恰恰能够使保险公司在获取

① 薛亮：《支持银行综合经营转型》，载《金融时报》2013年3月期。

更多投资利润的同时，丰富业务种类，扩大经营范围，拓宽保险的销售渠道，获得规模经济和范围经济效益。从公司管理来看，与保险公司相比，商业银行、证券公司等金融机构在风险管理、资金管理等方面往往拥有更丰富的经验和更高的管理水平。实行混业经营有利于保险公司实现“做大做强”的战略目标，在经营管理、产品开发、渠道关系管理等各个层面进行创新。①

（二）混业经营有利于我国保险公司实现资源优化配置

商业银行、证券公司等金融机构拥有庞大的客户群体，实行混业经营能够实现市场信息与客户信息在不同金融机构之间的共享。因此保险公司也推出了大量关联银行业务、证券业务的“一站式”金融业务。这些“一站式”金融服务还有效降低了硬件配置费用、管理费用、销售成本、宣传成本以及运营成本等一系列经营成本，提升资金的流通效率，使保险公司能够以更低的成本、更高的收益满足自身投融资需求。

三、我国证券公司选择混业经营的原因

（一）开展混业经营有利于我国证券公司获得更大市场

截至2020年年末，我国银行业金融机构网点总数达到22.67万个，客户数量达到十亿级，仅中国工商银行个人客户就达6.8亿户。② 如此庞大的客户群体，一般的证券公司难以企及。证券公司实行混业经营之后，银行网点便可以开立证券账户，这将极大地扩展证券交易服务的覆盖面，增加客户数量，同时促进金融资源在几个市场之间有序流动，能够有效解决券商资金短缺的问题。

（二）开展混业经营有助于推动证券公司业务创新

特别是在当前我国创新驱动战略深入实施、经济转型加速推进的新时代，

---

① 郭金龙、石晓军、郑海涛：《中国的银行保险战略视角及其创新》，载《国际金融研究》2007年第8期。

② 数据来源：《中国银行业协会发布〈2020年中国银行业服务报告〉》，载中国银行业协会网站 https://www.china-cba.net/Index/show/catid/14/id/39076.html，2021年9月8日访问。

国有企业改革步入了新的发展阶段，证券公司可以利用自身的优势，积极探索有效的发展模式，为国有企业并购重组等提供卓有成效的中介服务，这也将为证券公司的创新发展提供有效的平台和载体，实现证券公司业务模式的再创新。

（三）开展混业经营有助于证券公司抢抓发展机遇

随着我国经济的快速发展以及人们财富积累规模的不断扩大，财富管理已经成为人们的重要关注点，这就给证券公司拓展业务提供了机遇。当前高净值人群的财富规模越来越庞大，证券公司开展混业经营业务可以提高在资产配置、管理服务以及创新金融服务品种方面的水平。特别是特色化、专业化、针对性的综合金融服务，能够为证券公司更有效地发挥自身的职能和作用以及强化利润来源的多样化创造条件。①

第二节　我国金融混业经营的扩张发展

一、混业经营业务的扩张

（一）银保合作业务的扩张

银保合作是指通过共同的销售渠道向同一客户群提供银行与保险产品及服务的一种安排。我国的银保合作业务开始于20世纪90年代中期，随着国内保险业务的恢复和发展，经历了1995～1999年的产生阶段，2000～2003年的提升阶段，以及2004年的转型阶段。② 1995年之前只有少数商业银行从事保险相关业务，1995年开始各大商业银行纷纷与保险公司签订代理协议，如1997年中国工商银行总行与中国人寿保险公司签订代理协议，中国太平洋

① 马珊珊：《关于证券公司开展综合金融服务的研究》，载《全国流通经济》，2019年第2期。

② 朱崇实、刘志云等：《混业经营趋势下的中国金融监管法：挑战与革新》，厦门大学出版社2013年版，第160～161页。

保险公司与交通银行、中国银行、中国农业银行分别签订保险代理协议。到2000年，国内所有的保险公司基本都与四大国有商业银行建立了代理销售关系。近年来，商业银行的保险业务范围逐渐从单纯的销售代理走向深化，商业银行与保险公司之间在固定资产投保、资产结算、协议存款、银行卡、基金等方面的业务合作越来越多。与此同时，商业银行也通过海外分支机构或金融集团的子公司参股保险公司，间接从事大范围的保险业务。例如，2009年交通银行收购中保康联人寿保险有限公司51%的股权；北京银行入股太平洋安泰人寿保险有限公司，持有50%的股权。

我国银保合作涉及的范围包括代收保费、代付保险金、代销保险产品、联合发卡、保单质押贷款以及客户信息共享等。2018年、2019年银行邮政代理渠道已成为保险公司保费收入的重要来源之一，尤其是在我国人寿保险公司，银行邮政代理渠道已经成为仅次于个人代理渠道的收入来源（见图1－1和图1－2）。

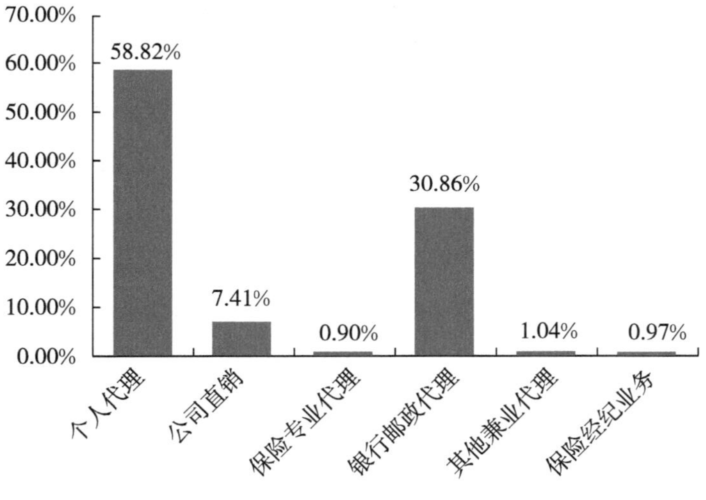

图1－1　2018年我国人寿保险公司分渠道保费收入占比①

① 根据2019年《中国保险年鉴》相关数据整理。参见中国保险年鉴编辑部：《中国保险年鉴2019》，中国保险年鉴社2019年出版。

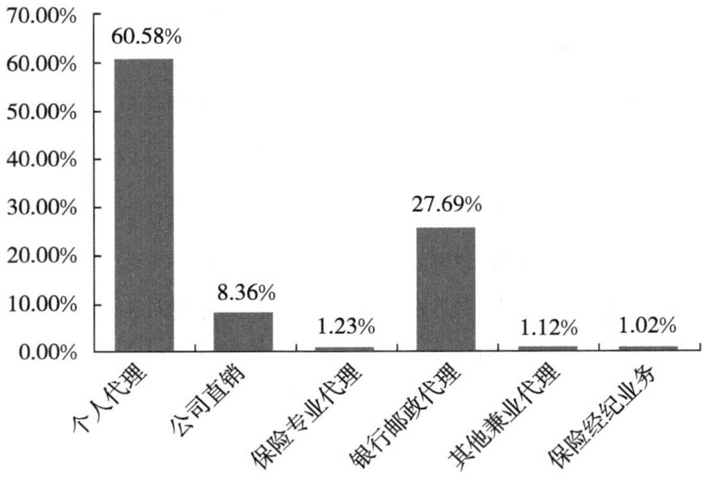

图 1－2　2019 年我国人寿保险公司分渠道保费收入占比①

（二）银证合作业务的扩张

我国目前银证合作的业务内容涵盖资金清算业务、同业拆借和债券回购业务、银证转账业务、股票质押贷款业务、证券投资基金托管和代理开放式基金业务及投资银行业务。

2000 年，我国商业银行被允许从事证券公司自营股票抵押业务。2001 年，我国商业银行经批准或备案可以从事代理发行、承销、兑付政府债券、金融衍生业务等中间业务。2005 年，我国商业银行可以直接出资设立基金管理公司从事基金业务，同年我国商业银行的资产证券化业务也被许可。2010 年，我国商业银行可以在证券交易所集中竞价交易系统进行特定的债券现券交易。近年来，我国商业银行可以从事包括债券回购、银证转账、股票质押贷款、证券投资基金、资产证券化等多种证券业务。以理财业务、资产托管业务为代表的复合型证券业务已成为银证合作业务发展的新方向。②

以我国国有银行为例，2011 年，中国工商银行全年主承销各类债务融资工具 2 901 亿元，居国内市场第一，并实现投资银行业务收益 225. 92 亿元，

① 根据 2020 年《中国保险年鉴》相关数据整理。参见中国保险年鉴编辑部：《中国保险年鉴 2020》，中国保险年鉴社 2020 年出版。

② 罗苓宁：《大资管时代银行发展之路》，载《中国金融》2016 年第 1 期。

比 2010 年增长 45.7% 。[①] 仅 2016 年上半年中国建设银行的理财产品发行额已达 36 658.84 亿元，承销非金融企业融资工具 2 863.72 亿元。[②]

中国工商银行持续开展中间业务转型创新，2020 年手续费及佣金收入为 1 466.68 亿元，比上年增加 3.18 亿元。其中，个人理财及私人银行业务收入增加 22.93 亿元，主要是代理个人基金业务、个人理财销售及投资管理费收入增加；结算、清算及现金管理业务收入增加 17.80 亿元，主要是第三方支付业务收入增加；对公理财业务收入增加 15.30 亿元，主要是对公理财产品销售和债券承销发行等收入增加；资产托管业务收入增加 5.41 亿元，主要是公募基金托管规模增长带动收入增加。[③]

2020 年，中国建设银行手续费及佣金净收入为 1 145.82 亿元，较上年增长 3.32% 。手续费及佣金净收入对营业收入比率为 15.16% ，较上年下降 0.56 个百分点。其中，代理业务手续费收入为 173.66 亿元，增幅为 2.79% ，主要是代销基金业务规模实现较快增长；托管及其他受托业务佣金收入为 155.93 亿元，增幅为 9.86% ，主要是强化集团协同联动和市场营销力度，打造“建行智托管”品牌，实现托管规模较快增长；理财产品业务收入为 133.98 亿元，增幅为 3.87% ，主要是强化资产配置、渠道销售和投研能力，集团理财规模实现稳步提升；结算与清算手续费收入为 125.42 亿元，增幅为 2.24% ，主要是围绕稳外资稳外贸、加大拓展贸易融资上下游业务，国际结算收入同比较快增长；顾问和咨询费收入为 115.77 亿元，增幅为 12.06% ，主要是由于投研服务能力提升，完成“飞驰 6 + 1”智慧投行系统生态优化，客群数量实现有效拓展。[④]

---

① 参见《中国工商银行股份有限公司 2011 年度报告（A 股）》，载中国工商银行网站 http：//www.icbc.com.cn/icbc/defaultl.htm，2022 年 10 月 3 日访问。

② 参见《中国建设银行股份有限公司 2016 年半年度报告（A 股）》，载 http：//www2.ccb.com/cn/inverstor/announcement/20160926_1474882523.html，2022 年 9 月 20 日访问。

③ 参见《中国工商银行股份有限公司 2020 年度报告（A 股）》，载中国工商银行网站 http：//www.icbc.com.cn/icbc/defaultl.htm，2022 年 10 月 3 日访问。

④ 参见《中国建设银行股份有限公司 2020 年年度报告（A 股）》，载 http：//group2.ccb.com/cn/inverstor/announcement/20210326_1676773938.html，2022 年 8 月 3 日访问。

中国银行持续深化与各类金融机构的合作，搭建综合金融服务平台，客户覆盖率保持市场领先。中国银行与全球1 400余家金融机构建立代理行关系，为跨国机构和企业提供国际结算、债券融资、外汇交易、投资托管、全球现金管理等金融服务。高质量共建“一带一路”，夯实沿线地区重点代理行合作基础，持续深化与亚洲基础设施投资银行、金砖国家新开发银行和丝路基金等机构的全面合作，参与国内政策性金融机构相关投融资项目，并提供延伸金融服务。中国银行深度参与全面推开H股“全流通”工作，与上海黄金交易所共同推出“沪澳黄金之路”项目，金融要素市场合作品牌影响力进一步提升。2020年年末，中国银行外币存款市场份额排名第一，以金融科技促进业务模式升级，推出第三方存管二维码开户产品“中银银证通”，第三方存管客户量增幅、存量客户市场份额提升幅度同业领先。此外，中国银行还积极把握资本市场发展机遇，2020年，集团实现非利息收入1 496.13亿元，在营业收入中的占比为26.46%。其中，手续费及佣金净收入为755.22亿元，同比增加17.10亿元，增幅为2.32%，在营业收入中的占比为13.35%，代销基金及托管等业务收入实现较快增长。①

中国农业银行建立了完善的商业银行投资银行产品体系，提供常年财务顾问、上市财务顾问等传统投行业务，也培育出了具有中国农业银行特色的投资银行产品，包括私募股权投资基金投资顾问、中小企业集合债等创新型业务。2020年，中国农业银行实现手续费及佣金净收入为745.45亿元，较上年增加16.18亿元，增幅为2.2%。其中，顾问和咨询费收入增长10.5%，主要是由于银团和债券承销业务规模有所增加；代理业务手续费收入增长6.3%，主要是理财和代销基金业务增长；托管及其他受托业务佣金收入增长13.7%，主要是由于基金、理财产品等托管业务收入增长。②

---

① 参见《中国银行股份有限公司2020年年度报告（A股）》，载https://www.bankofchina.com/inverstor/ir3/202103/t20210330_19212227.html，2022年8月10日访问。

② 参见《中国农业银行股份有限公司2020年度报告（A股）》，载https://www.abchina.com/cn/AboutABC/inverstor-relations/announcements/a-announcement/default_9.htm，2022年9月10日访问。

交通银行大力推进盈利模式转型，收入来源更趋多元化，实现手续费及佣金净收入为450.86亿元，同比增加14.61亿元，增幅为3.35%。其中，管理类和代理类业务是手续费及佣金收入的主要增长点。管理类手续费收入同比增加主要是由于理财产品和基金规模大幅增加，代理类手续费收入同比增加主要是由于代销基金收入增加。[①]

（三）证保合作业务的扩张

证保合作业务的扩张主要体现在两个方面：一是保险资金投资于证券市场，二是证券公司开展保险兼业代理业务。1999年，原中国保监会颁布《保险公司投资证券投资基金管理暂行办法》（已失效），允许保险资金间接入市，开启了我国证保合作的先河。2005年，保险资金获准进入证券市场直接购买股票。2009年修订的《保险法》放开保险资金的投资途径。2010年之后原中国保监会相继出台《保险资金运用管理暂行办法》（已失效）、《保险资金投资股权暂行办法》（部分失效）等一系列文件，扩大了保险资金的投资范围，为保险资金投资证券市场提供了法律依据与保障。

我国保险企业与证券公司首次展开全面的业务合作是在2002年3月18日，原中国人寿保险公司［2003年更名为中国人寿保险（集团）公司］与原联合证券有限责任公司（2009年更名为华泰联合证券有限责任公司）签署全面业务合作协议。双方充分发挥各自的人员及资源优势，共享客户资源，在代办保险业务、代理保险业务、客户资源共享、合作开发保险产品、资产管理业务等方面开展合作。2002年4月，原中国银河证券有限责任公司（2007年更名为中国银河证券股份有限公司，以下简称银河证券）与中国人民保险集团股份有限公司（以下简称中国人保）签署合作协议，约定在客户共享、投资管理业务、代理业务、电子商务、人员培训及新产品开发等领域展开全面合作。同年6月，银河证券取得保险兼业代理资格，开始在上海、北京、深圳三地展开试点，正式代销太平洋安泰人寿保险有限公司的“小福

① 参见《交通银行股份有限公司2020年度报告（A股）》，载交通银行网站http：//www.bankcomm.com，2022年7月10日访问。

星”少儿两全保险和“999还本两全保险”。2002年8月，经原中国保监会批准，国泰君安证券股份有限公司上海分公司获得了兼业代理资格，成为我国首家获准在下属证券营业部销售保险产品的证券公司。此后，相继有大鹏证券有限责任公司与泰康人寿保险股份有限公司深圳分公司签订合作协议、北京证券有限责任公司与瑞泰人寿保险有限公司签署合作协议、新华人寿保险股份有限公司重庆分公司与银河证券重庆代表处签订业务合作协议，我国证保合作不断发展深化。

二、混业经营机构的膨胀

由于各国经济水平、政治制度、文化传统及历史背景的差异，世界金融混业组织机构的形式也各具特色，大致有德国式全能银行、英国式金融母子公司和美国式金融控股公司三种。[①] 德国式全能银行是传统的、典型的内部综合型全能银行，即在同一银行名下，内设平等且同级别的业务部门，包括商业银行部、投资银行部、保险业务部、信托业务部等，即“一级法人制度”——一个法人、多张执照、多种业务。[②] 实行全能银行的国家还有瑞士、卢森堡、荷兰、奥地利等欧洲国家。英国式金融母子公司是指一个金融机构为母公司，一般为银行，通过转投资子公司从事其他金融业务的金融混业经营形态。采取金融母子公司模式的国家还有澳大利亚、加拿大、新西兰等英联邦国家。美国式金融控股公司模式是控股公司的组织结构在金融混业经营上的运用，即在同一控制权下，完全或主要在银行业、证券业、保险业中至少两个不同的金融行业大规模地提供服务。[③]

上述三种金融混业组织形式各有利弊，各国往往基于本国的特定经济、政治、历史、法律传统选择适合于本国的混业经营组织形式。由于金融控股公司具有“集团混业，经营分业”的特点，既能发挥规模经济、范围经济、风险分散的经营优势，其与子公司及各子公司之间又有天然的风险隔离机制，

① 杨松等：《银行法律制度改革与完善研究》，北京大学出版社2011年版，第216页。
② 徐文彬：《全能银行发展路径研究》，经济科学出版社2009年版，第26页。
③ 方国斌：《金融集团交叉销售研究》，中国金融出版社2010年版，第12页。

能更好地实现安全与效率的平衡，因此许多国家和地区选择金融控股公司模式作为金融混业经营的组织形式。

值得注意的是，金融控股公司通常可以分为两种，即纯粹控股公司和混合控股公司。纯粹控股公司的设立目的只是掌握子公司的股份，从事资本经营，利用股权支配被控股公司的重大决策和生产经营活动，实现其控制意图，控股公司本身不直接从事生产经营活动。而混合控股公司既掌握目标公司的控股权，支配其生产经营活动，又直接从事实际的生产经营活动。①

可见我国金融机构从事混业经营的主要组织方式主要是混合型金融控股公司，而非纯粹型金融控股公司。根据2020年中国人民银行公布的《金融控股公司监督管理试行办法》第二条的规定，该法规范的金融控股公司是指“依法设立，控股或实际控制两个或两个以上不同类型金融机构，自身仅开展股权投资管理、不直接从事商业性经营活动的有限责任公司或者股份有限公司”，即纯粹控股公司。而金融机构开展混业经营业务采取的混合型金融控股公司不在《金融控股公司监督管理试行办法》中进行规范，而对金融机构跨业投资控股形成的金融集团，其具体实施细则由金融监管部门另行制定，因此金融机构的混业经营形式虽然本质是金融控股公司，但在我国的监管制度框架下被称为“金融集团”。下文以几个大型金融集团为例，描述我国金融混业经营的发展历程。

（一）中国中信集团有限公司

中国中信集团有限公司（以下简称中信集团）是由原中国中信国际投资公司，经国务院批准，于2011年12月整体改制为国有独资公司，并更名为“中国中信集团有限公司”，整体改制完成后公司注册资本为1 837亿元。2002年12月5日，中信集团公司出资设立中信控股有限责任公司（以下简称中信控股），接受集团的委托与投资，负责管理集团旗下银行、证券、信托、保险、期货、租赁、基金、信用卡以及资产管理等全部金融业务。它不仅是中信集团经营体制改革创新的重大举措，也是我国第一家金融控股公司。

① 杨松等：《银行法律制度改革与完善研究》，北京大学出版社2011年版，第218页。

中信控股对中信集团旗下所有金融类子公司行使股东权利，其控股的子公司包括中信银行香港特别行政区的中信国际金融控股有限公司、中信证券股份有限公司、中信信托有限责任公司、中信资产管理有限公司、信诚人寿保险有限公司等金融机构。作为中信控股的母公司，中信集团不仅从事股权投资，同时还经营实业，母公司对集团内部所有子公司的经营业务进行整合，获取了良好的规模效益和范围效益。

中信银行是一家股份制商业银行，业务涵盖公司金融、零售金融和金融市场，同时与百度（中国）有限公司（以下简称百度）联合设立智能直销银行——中信百信银行股份有限公司；中信信托有限责任公司是中国领先的信托公司，主要向客户提供融资业务、财富管理、信托服务等综合化金融产品和服务；中信保诚人寿保险有限公司是中信集团与英国保诚集团的合资公司，主要经营人寿、健康、意外伤害保险以及再保险业务；中信证券股份有限公司是中国龙头地位的证券公司，业务涵盖证券、基金、期货、直接投资、产业基金和大宗商品等多个领域，各项业务保持市场领先地位。

2020 年，中信银行推进各项业务转型，取得净利润人民币 490 亿元，同比增长 2%，利息收入和非利息收入均取得不错的增长；中信信托有限责任公司在新型冠状病毒感染疫情和监管加码的多重因素下，继续压降业务规模，不断优化资产结构，保持经营持续稳健，取得净利润人民币 39 亿元，同比增长 7%；中信保诚人寿保险有限公司的净利润同比增长 40%，至人民币 25 亿元，主要得益于保费收入和投资收益双增长的驱动；受惠于资本市场不错的氛围，证券业务盈利表现不俗，中信证券股份有限公司净利润增长 22%。[①]

（二）中国光大集团股份公司

中国光大集团股份公司（以下简称光大集团）是中央管理的国有企业，于 1983 年 5 月在中国香港创办，同年 8 月 18 日正式开业。光大集团成立之

① 参见《中信银行股份有限公司年度报告 2020》，载 https：//www.citicbank.com/about/investor/notice/ashare/2023_42091，2022 年 7 月 10 日访问。

初以经营外贸和实业投资为主，当时注册名为“紫光实业有限公司”，1984年7月更名为“中国光大集团有限公司”；2014年12月8日，经国务院批准，由国有独资企业改制为股份制公司，并正式更名为“中国光大集团股份公司”。光大集团是横跨金融与实业、海内与海外，涵盖银行、证券、保险、基金、信托、期货、租赁、投资和环保、文旅、医药等实业的大型金融集团光大集团总部组织架构见图1－3；光大集团主要成员企业见图1－4。

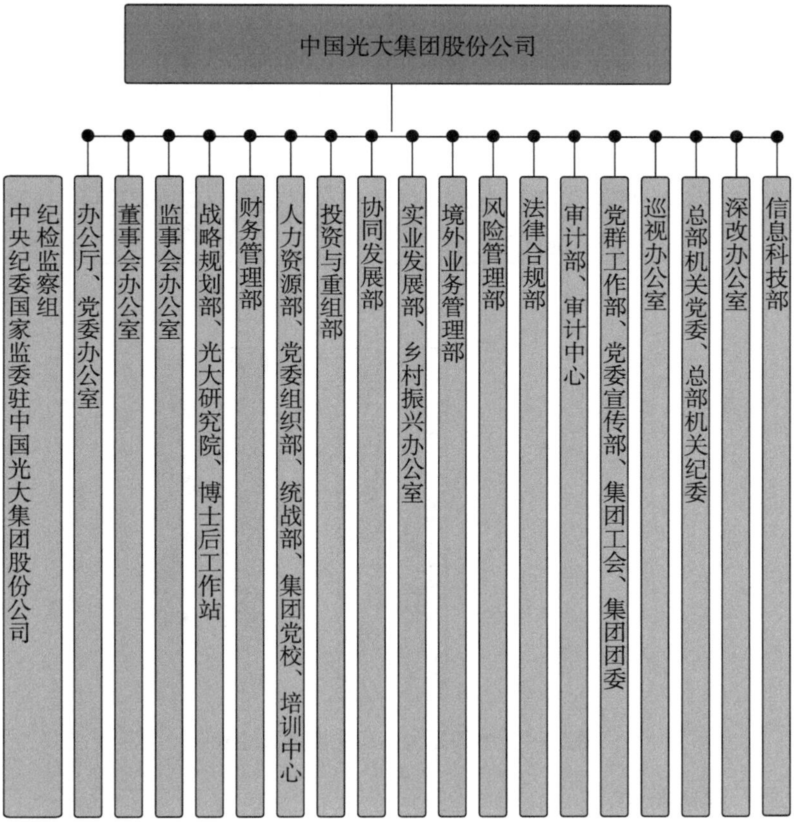

图1－3 中国光大集团总部组织架构①

① 资料来源：中国光大集团网站 https：//www.ebchina.com/ebchina/gywm/zzjg/index.html，2022年10月1日访问。

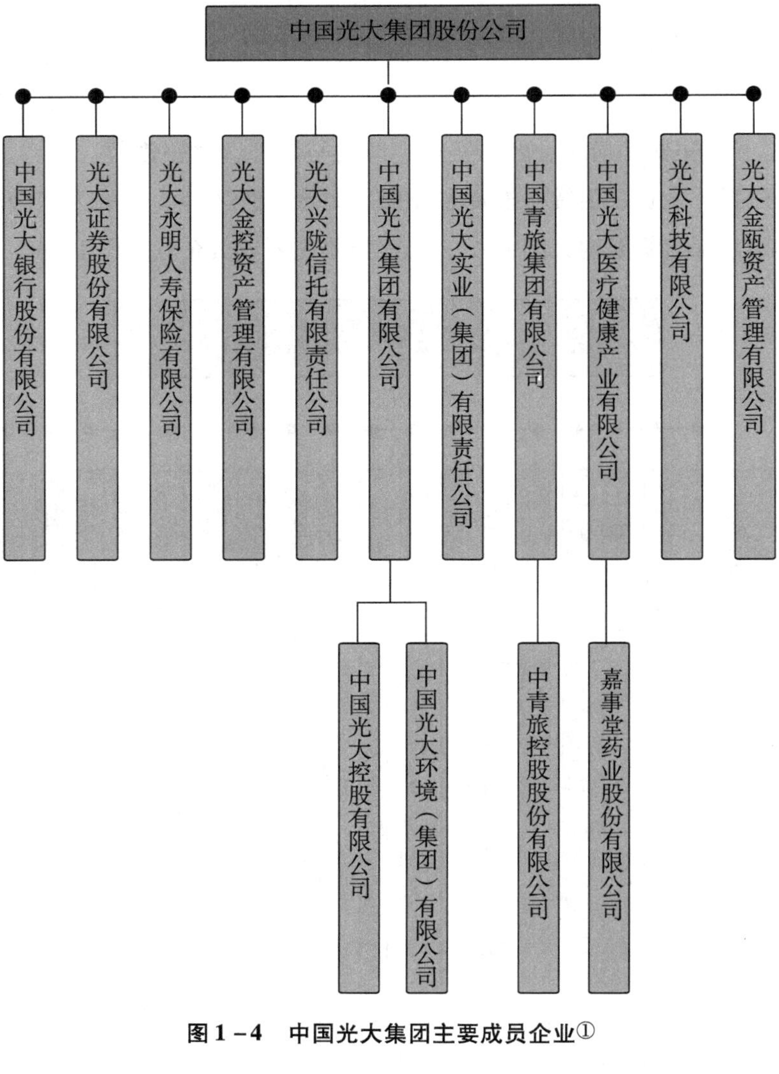

图1-4　中国光大集团主要成员企业①

（三）招商局集团

招商局集团有限公司（以下简称招商局集团）是中央政府直接管理的重点国有企业。招商局集团是一家综合性多元化企业，主营业务涵盖了综合交通、城市与园区综合开发运营以及特色金融三大领域（见图1-5）。由于招

① 资料来源：中国光大集团网站 https://www.ebchina.com/ebchina/gywm/zzjg/index.html，2022年9月11日访问。

商局集团金融业务开始较早，已经获得了大部分的金融牌照，涉及证券牌照、基金牌照、保险牌照、银行牌照、不良资产管理牌照以及融资租赁牌照，基本实现了构建功能齐全、连接紧密的综合金融服务平台的战略构想。招商局集团业务架构见图1－5。

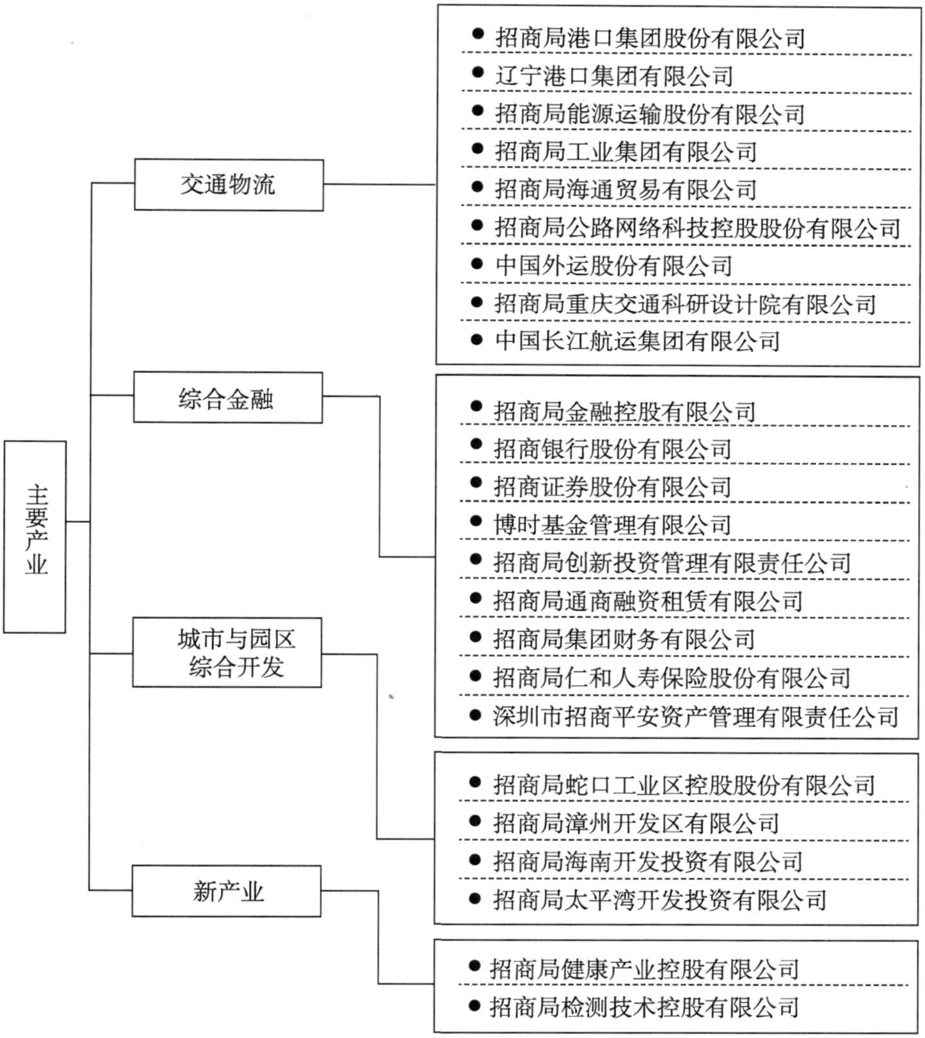

图1－5 招商局集团业务架构①

① 资料来源：招商局集团网站 https：//www.cmhk.com/main/gyzsj/zzjg/index.shtml，2021年7月12日访问。

（四）平安集团

中国平安保险（集团）股份有限公司（以下简称平安集团）于 1988 年成立，是中国第一家股份制保险企业，至今已经发展成为金融保险、银行、投资等金融业务为一体的整合、紧密、多元的综合金融服务集团，平安集团下属企业包括中国平安人寿保险股份有限公司、中国平安财产保险股份有限公司、平安养老保险股份有限公司、平安健康保险股份有限公司、平安银行股份有限公司、平安信托有限责任公司、平安证券股份有限公司、平安资产管理有限责任公司、平安不动产有限公司、中国平安保险海外（控股）有限公司、平安基金管理有限公司、平安国际融资租赁有限公司、陆金所控股有限公司、平安普惠企业管理有限公司、平安健康医疗科技有限公司、壹账通金融科技有限公司、平安医疗健康管理股份有限公司、平安科技（深圳）有限公司、深圳平安综合金融服务有限公司、平安国际智慧城市科技股份有限公司、平安壹钱包电子商务有限公司等。平安集团致力于成为国际领先的科技型个人金融生活服务集团，平安集团业务架构见图 1－6。

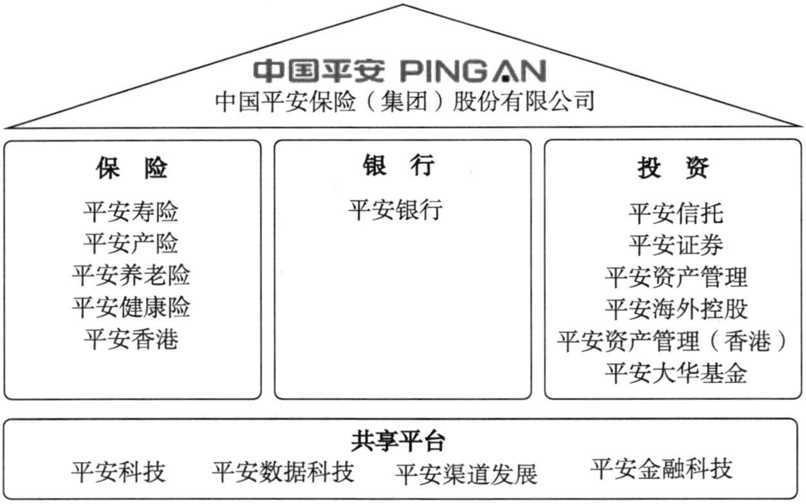

图 1－6 平安集团业务架构①

① 资料来源：平安集团网站 http：//ir. pingan. com/gongsizhili/zuzhijiagou. shtml，2021 年 7 月 17 日访问。

第三节 我国金融混业经营中的异化现象

在西方经济学界，一直以来都存在着自由主义和国家干预主义两大思想潮流。自由主义主张“反对国家干预经济行为和活动”，崇尚自由经济原则，追求经济自主性，政治诉求是呼吁自由地发展经济。国家干预主义信奉国家在经济活动中应当承担一定的责任，并应当行使一定的权力对经济进行干预。这两种思想潮流的差异在不同的历史时期、不同的产业结构中的表现各不同。在历史上这两种思想此起彼伏，交替主导着西方经济学界，甚至对于金融领域也产生了重大影响。20 世纪 30 年代以前，经济自由主义的思想占据主导地位，西方各国对于金融业也奉行“不干预主义”，对金融业的有限管理相对宽松，金融业的经营活动和发展具有自由和自发的特征。在此之后经历了经济大危机，由原来的“不干预主义”转变为“国家干预主义”。奉行了短暂时间后，在 20 世纪 70 年代末以信奉新型自由经营论为标志，经济自由主义再一次迎来新的高潮，重新走红西方经济学界，甚至在全球经济范围内都产生了重大的影响力。在这种思想的引领下，金融业自由化的需求逐渐增加，金融业自主进行创新或通过主动结构的改动，或通过事后默认的方式发展起来。而当这种自主行为超出了预想范围，则会产生异化的现象。

在金融领域中，金融机构的活动原本以资金的融通、信息的提供、资源的有效配置为目标。而随着自由主义思潮的兴起、资本市场的发展、金融业务的创新、金融机构逐利性的凸显，金融业日益远离基本功能，产生了异化现象。金融功能异化是指脱离原有金融制度设计的服务功能价值目标倾向，甚至阻碍原有价值目标实现的变化。① 商业银行在传统存贷业务之外从事混业经营可以分散主营业务风险、取得规模经济效益，并为消费者提供“一站式”多样化服务。然而，随着金融虚拟性、逐利性的凸显，20 世纪 70 年代后金融自由化的速度加剧，使得金融业不断推陈出新各种金融产品，银行业、

① 徐孟洲、杨晖：《金融功能异化的金融法矫治》，载《法学家》2010 年第 5 期。

证券业、保险业等金融子行业间的业务区隔和差异化逐渐模糊，金融业的寡占型和集中程度呈下降趋势，即分业经营往混业经营方向发展。随着混业经营在业务和组织机构方面的不断扩张，侵害消费者权益、危害金融安全的异化现象也时有发生。

混业经营异化现象也体现在司法部门的司法实践和监管部门的监管实践中。

一、涉及混业经营的相关判决日益增多

对中国裁判文书网公布的我国法院生效判决①进行整理可以发现，2012年至2020年，我国涉及混业经营的判决呈逐年上升的趋势。

其中，涉及商业银行证券业务的判决②共7 860件，从2012年的25件上升为2020年的2 209件；涉及商业银行保险业务的判决③共83 704件，从2012年的236件上升为2020年的24 430件；涉及商业银行信托业务的判决④共3 033件，从2012年的9件上升为2020年的649件；涉及银行理财产品的判决⑤共3 691件，从2012年的10件上升为2020年的824件（见图1－7）。

涉及保险证券业务的判决⑥共2 346件，从2012年的12件上升为2020年的579件；涉及保险银行业务的判决⑦共3 264件，从2012年的6件上升为2020年的912件；涉及保险信托业务的判决⑧共2 471件，从2012年的6件上升为2020年的1 642件；涉及保险理财产品的判决⑨共1 796件，从2012年的0件上升为2020年的481件（见图1－8）。

① 最高人民法院2013年颁布《最高人民法院裁判文书上网公布暂行办法》，创建了全国法院规范、统一的裁判文书网——中国裁判文书网，并要求除法律有特殊规定的以外，生效裁判文书将全部在中国裁判文书网予以公布。本书的案例原始数据均来自中国裁判文书网（https://wenshu.court.gov.cn），时间跨度为2012年年初至2020年年底。

② 以“证券”和“银行当事人”为条件进行检索。

③ 以“保险”和“银行当事人”为条件进行检索。

④ 以“信托”和“银行当事人”为条件进行检索。

⑤ 以“理财产品”和“银行当事人”为条件进行检索。

⑥ 以“证券”和“保险当事人”为条件进行检索。

⑦ 以“银行业务”和“保险当事人”为条件进行检索。

⑧ 以“信托”和“保险当事人”为条件进行检索。

⑨ 以“理财产品”和“保险当事人”为条件进行检索。

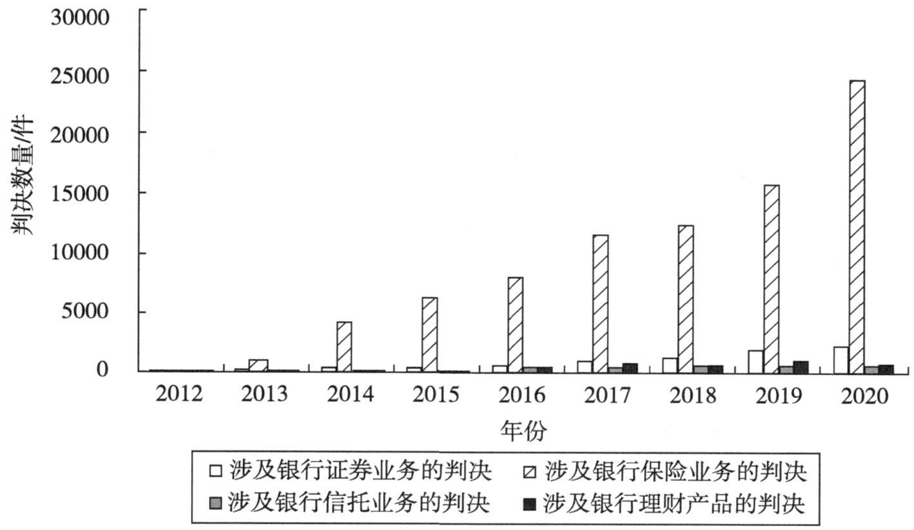

图1－7 2012—2020年银行混业经营相关判决

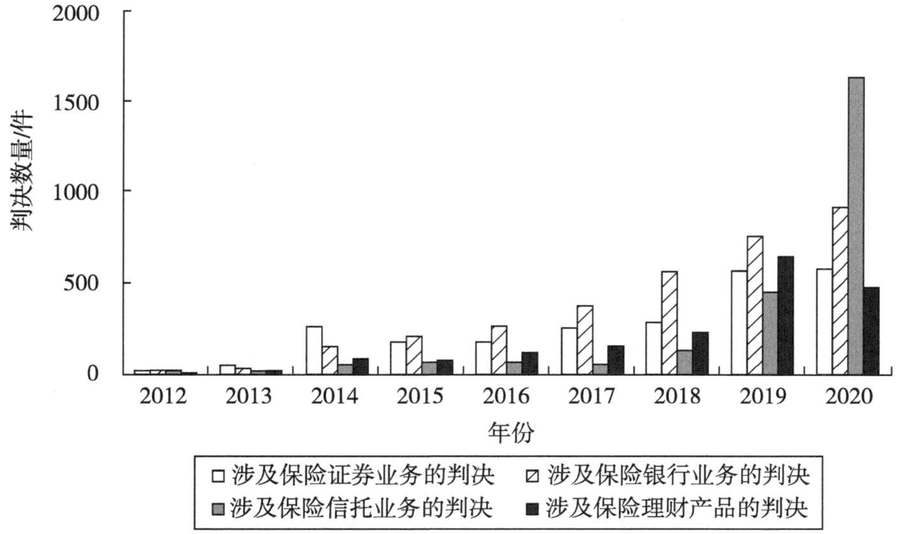

图1－8 2012—2020年保险混业经营相关判决

涉及证券理财产品的判决①共240件，从2012年的0件上升为2020年的51件；涉及证券银行业务的判决②共2 776件，从2012年的17件上升为2020年的697件；涉及证券保险业务的判决③共868件，从2012年的6件上升为2020年的213件；涉及证券信托业务的判决共409件，从2012年的3件上升为2020年的92件（见图1-9）。

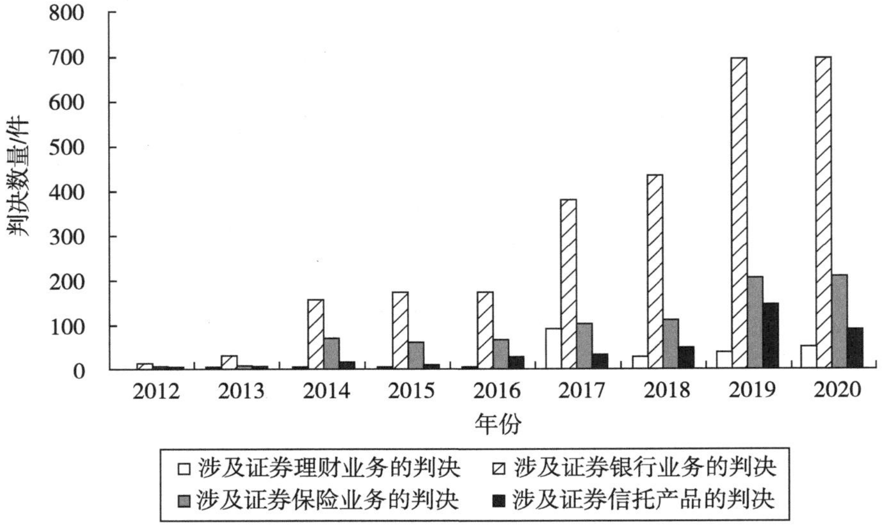

图1-9 2012—2020年证券混业经营相关判决

二、涉及混业经营的相关处罚日益强化

随着金融混业经营的发展，混业经营中的违规行为日益增多，促使监管机构加大了查处力度。2016年，原中国银监会公布了从2003年至2014年的25个典型行政处罚案例，其中被处罚机构为16家，处罚总金额合计1 417.61万元。最大处罚金额是厦门国际银行因超范围从事金融业务活动被没收277

① 以“理财产品”和“证券当事人”为条件进行检索。

② 以“银行”和“证券当事人”为条件进行检索。

③ 以“保险”和“证券当事人”为条件进行检索。以“信托”和“证券当事人”为条件进行检索。

万元违法所得，并处277万元罚款。[①] 在25个典型案例中，涉及商业银行混业经营的处罚包括超范围经营、利用信贷资产转让业务调节经营指标、关联交易等几类，占总数的30%以上。近年来，地方银监局的行政处罚中涉及混业经营的案例逐渐增加，特别是2017年年初，原中国银监会更是加强了对违规混业经营业务的查处力度。

2018年中国银保监会成立后，为了规范市场秩序，对相关违法违规行为的查处力度更为加强。2017年至2019年一季度（27个月），中国银保监会系统共作出行政处罚决定11 735份，罚没总计59.41亿元，罚没金额超过了之前10年（120个月）的总和。[②] 2020年，中国银保监会在着力疫情防控和复工复产金融支持的同时，继续加强银行业、保险业改革发展和风险防控，严肃查处各类违法违规行为。全系统共作出6 581件行政处罚决定，处罚银行保险机构3 178家次，覆盖各主要机构类型，罚没合计22.75亿元。[③]

以下是部分原中国银监会、中国银保监会、中国证监会等作出的混业经营相关处罚案例（见表1－2至表1－4）。

表1－2 部分银行混业经营相关行政处罚

年份	行政处罚决定书文号	被处罚机构	事由	处罚金额/万元
2009	深银监检〔2009〕49号	中国建设银行股份有限公司深圳市分行	信贷资金违规流入股市等	100
2010	鄂银监罚〔2010〕15号	荆州市农村信用合作社联合社	存在超业务范围代理债券业务等	20

① 参见中国银保监会官方网站 http：//www.cbirc.gov.cn/cn/view/pages/ItemList.html？itemPId=923&itemId=4113&itemUrl=ItemListRightList.html&itemName=%E9%93%B6%E4%BF%9D%E7%9B%91%E4%BC%9A%E6%9C%BA%E5%85%B3&itemsubPId=931#18，2022年3月10日访问。

② 张歆：《银保监会27个月开具1.17万张罚单》，载《证券日报》2019年8月9日。

③ 参见《中国银保监会通报2020年行政处罚情况》，载中央人民政府官方网站 http：//www.gov.cn/xinwen/2021－05/21/content_5609935.htm，2022年3月10日访问。

续表

年份	行政处罚决定书文号	被处罚机构	事由	处罚金额/万元
2013	粤银监发〔2013〕84号	广东省农村信用社联合社	超经营范围办理票据转贴现业务等	50
2015	黔银监罚〔2015〕68号	中国工商银行贵州省分行	违规开展买入返售和同业投资等	440
2015	黔银监罚〔2015〕67号	贵州银行股份有限公司	关联交易管理混乱，同业业务制度缺失，绕规模变相发放贷款、向合作方提供信用担保等	300
2015	黔银监罚〔2015〕66号	中国银行贵州省分行	违规从事买入返售和同业投资业务等	120
2015	深银监发〔2015〕125号	招商银行	2014年5月17日后仍开展商业承兑汇票的买入返售交易；个人理财业务资金违规投资于不良信贷资产	100
2015	渝银监发〔2015〕141号	兴业银行股份有限公司重庆分行	违规放贷，违规开展同业业务和表外业务等	190
2016	沪银监罚决字〔2016〕4号	中国工商银行股份有限公司上海市分行营业部	违规开展同业业务	100
2017	银监罚决字〔2017〕14号	平安银行股份有限公司	非真实转让信贷资产；销售对公非保本理财产品出具回购承诺、承诺保本；为同业投资业务提供第三方信用担保等	1 670

续表

年份	行政处罚决定书文号	被处罚机构	事由	处罚金额/万元
2017	银监罚决字〔2017〕15 号	恒丰银行股份有限公司	腾挪表内风险资产；将代客理财资金违规用于本行自营业务；利用结构性理财产品，将多笔同业存款变相纳入一般性存款核算；以保险类资产管理公司为通道，违规将同业存款变相纳入一般性存款核算等	800
2017	京银监罚决字〔2017〕7 号	中国建设银行北京城市建设开发专业支行	固定资产贷款业务中审批同意借款人挪用信贷资金购买本行理财产品	40
2017	沪银监罚决字〔2017〕26 号	上海银行股份有限公司	经该行批准，辖属天津分行在他行撤销远期购买承诺的情况下，继续持有某信托受益权，未按规定严格审查基础资产投向，信托资金违规用于异地融资平台	50
2018	银监罚决字〔2018〕4 号	上海浦东发展银行股份有限公司	通过基础资产在理财产品之间的非公允交易进行收益调节；理财资金投资非标准化债权资产比例超监管要求；投资多款同业理财产品未尽职审查，涉及金额较大；为非保本理财产品出具保本承诺函等	5 845
2018	银保监银罚决字〔2018〕8 号	中国民生银行股份有限公司	同业投资、理财资金违规投资房地产，用于缴交或置换土地出让金及土地储备融资；本行理财产品之间风险隔离不到位；个人理财资金违规投资；为非保本理财产品提供保本承诺	3 160

续表

年份	行政处罚决定书文号	被处罚机构	事由	处罚金额/万元
2018	银保监银罚决定〔2018〕9号	渤海银行股份有限公司	理财及自营投资资金违规用于缴交土地款；理财业务风险隔离不到位；为非保本理财产品提供保本承诺；同行投资他行非保本理财产品审查不到位	2 530
2018	银保监银罚决字〔2018〕11号	浙商银行股份有限公司	投资同业理财产品未尽职审查；为客户缴交土地出让金提供理财资金融资；投资非保本理财产品违规接受回购承诺；理财产品销售文本使用误导性语言；个人理财资金违规投资；理财产品相互交易，业务风险隔离不到位；为非保本理财产品提供保本承诺	5 550
2018	银保监银罚决字〔2018〕12号	交通银行股份有限公司	理财资金投资本行不良信贷资产收益权；理财资金借助保险资管渠道虚增存款规模；信贷资金违规承接本行表外理财资产；理财资金违规投资项目资本金；部分理财产品信息披露不合规	690
2019	银保监罚决字〔2019〕12号	中信银行股份有限公司	投资同一家银行机构同期非保本理财产品采用风险权重不一致；购买非保本理财产品签订可提前赎回协议，未准确计量风险加权资产	2 190

续表

年份	行政处罚决定书文号	被处罚机构	事由	处罚金额/万元
2020	京银保监罚决字〔2020〕10号	中信银行股份有限公司	受托支付不符合监管规定；信托消费贷款业务开展不审慎；流动资金贷款被挪用于股权投资；信贷资金被挪用流入房地产开发公司；个人经营性贷款资金被挪用于购房；非真实转让不良信贷资产；未对融资人交易材料合理性进行必要的审查，资金被用于缴纳土地竞买保证金；违规为房地产开发企业发放流动资金性质融资；签署抽屉协议互投涉房信贷资产腾挪信贷规模；卖出回购信贷资产收益权，实现信贷规模阶段性出表；理财资金违规投向未上市房地产企业股权；理财资金被挪用于支付土地出让价款；违规向资本金不足的房地产开发项目提供融资；并购贷款真实性审核不足，借款人变相用于置换项目公司缴纳的土地出让价款；协助合作机构签署抽屉协议，规避相关监管规定；理财资金实际用于置换项目前期股东支付的土地出让金；违规为房地产企业支付土地购置费用提供融资等	2 020
2020	京银保监罚决字〔2020〕5号	北京农商银行	错报小微贷款“1104”报表数据；违规审批、发放贷款；贷款资金被挪用；违规开展票据业务；违规开展债券代持业务；违规办理信托资金代理收付业务；理财业务严重违反审慎经营规则	330

续表

年份	行政处罚决定书文号	被处罚机构	事由	处罚金额/万元
2020	京银保监罚决字〔2020〕15号	华夏银行北京分行	同业投资业务严重违反审慎经营规则	50
2020	京银保监罚决字〔2020〕16号	渤海银行北京分行	同业投资业务严重违反审慎经营规则	50
2020	京银保监罚决字〔2020〕21号	平安银行北京分行	采取不正当手段发放贷款，个人贷款资金违规流入房地产领域、二手房按揭首付比例不符合规定，个人贷款业务内控管理存在多项缺陷，以表外资金掩盖表内承兑汇票垫款，以结构化融资提供资金用于缴纳土地出让金，以融资租赁公司为通道违规为县级公立医院融资	777.22
2020	京银保监罚决字〔2020〕34号	宁波银行北京分行	办理融资性保函违反审慎经营规则	30
2021	京银保监罚决字〔2021〕7号	中国邮政储蓄银行北京分行	个人消费贷款严重违反审慎经营规则	90
2021	京银保监罚决字〔2021〕11号	广发银行北京分行	采用不正当手段发放个人经营性贷款	200
2021	京银保监罚决字〔2021〕12号	广发银行北京分行	个人消费贷款、个人经营性贷款严重违反审慎经营规则违法行为	90

资料来源：根据中国银行保险监督管理委员会网站提供的行政处罚信息公开表整理而成。

表1-3 银保监会部分保险公司混业经营相关处罚

年份	行政处罚决定书文号	被处罚机构	事由	处罚金额/万元
2008	保监罚〔2008〕3号	瑞福德健康保险股份有限公司	违反了《保险法》对保险公司业务范围的规定，超出了经营范围	40
2009	保监罚〔2009〕29号	永安财产保险股份有限公司	违规购买无担保可转换公司债券	20
2010	保监罚〔2010〕20号	阳光农业相互保险公司	未经批准擅自设立担保公司和生产资料公司等	43
2010	保监罚〔2010〕29号	嘉禾人寿保险股份有限公司	在偿付能力严重不足的情况下，仍继续增加股票投资	10
2011	保监罚〔2011〕4号	中国再保险（集团）股份有限公司	违反规定运用资金投资设立中再物业、收购其股权，部分资产、负债、薪酬、业务未按照规定进行会计核算，2007年未按照规定提取、管理非寿险业务准备金，部分报告未按照规定报送，2009年度公司治理报告部分内容与事实不符，未按照规定管理董事和高级管理人员	71
2012	保监罚〔2012〕8号	国华人寿保险股份有限公司	将保险资金委托给不具备资质的机构投资理财	30
2013	保监罚〔2013〕8号	幸福人寿保险股份有限公司	违规批准其分支机构运用保险资金等	40
2014	保监罚〔2014〕6号	民生人寿保险股份有限公司	先后将部分债券回购融入资金在银行办理协议存款、申购非公开发行股票、购买银行股权、申购可转债等	46

续表

年份	行政处罚决定书文号	被处罚机构	事由	处罚金额/万元
2015	保监罚〔2015〕6号	天安人寿保险股份有限公司	违规运用保险资金：一是违规投资高风险信托产品；二是投资信托产品的增信措施不符合监管规定；三是超比例投资等	50
2015	保监罚〔2015〕12号	中融人寿保险股份有限公司	违规运用保险资金：一是违规对外拆借资金；二是违规开展不动产投资；三是违规开展股权投资；四是违规投资金融产品	80
2015	保监罚〔2015〕15号	北京金诚国际保险经纪有限公司	挪用客户账户保险费等	76
2017	保监罚〔2017〕13号	前海人寿保险股份有限公司	违规运用保险资金：一是权益类投资比例超过总资产30%后投资非蓝筹股票；二是办理T+0结构性存款业务；三是股权投资基金管理人资质不符合监管要求；四是未按规定披露基金管理人资质情况；五是部分项目公司借款未提供担保等	80
2017	保监罚〔2017〕25号	珠江人寿保险股份有限公司	违规开展资金运用：一是在偿付能力不足120%的情况下开展投资；二是单一资产投资超过集中度风险监管比例等	40

资料来源：根据中国银保监会网站提供的行政处罚决定书整理而成。

表 1-4 中国证监会部分证券公司超业务类型处罚决定

年份	行政处罚决定书文号	被处罚人	事由	处罚结果
2002	证监罚字〔2002〕16 号	国泰君安证券股份有限公司深圳华发路证券营业部	非法代理港股业务	没收违法所得453 732.25港元，并处违法所得一倍的罚款即453 732.25港元
2005	证监罚字〔2005〕13 号	北方证券有限责任公司	挪用客户交易结算资金、超范围经营委托理财业务	取消证券业务许可，并责令其关闭
2005	证监罚字〔2005〕19 号	民安证券有限责任公司	挪用客户交易结算资金、超范围经营委托理财业务	取消证券业务许可，并责令关闭
2005	证监罚字〔2005〕20 号	福建闽发证券有限责任公司	挪用客户交易结算资金、操纵股价、违反证券法律法规的规定开展委托理财业务	取消证券业务许可，并责令关闭
2005	证监罚字〔2005〕22 号	德恒证券有限责任公司	挪用客户交易结算资金、挪用客户托管国债进行回购、透支、制作虚假的交易记录、超范围经营	取消证券业务许可，并责令关闭
2005	证监罚字〔2005〕23 号	恒信证券有限责任公司	挪用客户交易结算资金、未经客户委托、挪用客户账户上的证券、超范围经营	取消证券业务许可，并责令关闭
2005	证监罚字〔2005〕24 号	武汉证券有限责任公司	挪用客户交易结算资金，超范围经营开展受托理财	取消证券业务许可，并责令关闭

续表

年份	行政处罚决定书文号	被处罚人	事由	处罚结果
2005	证监罚字〔2005〕28 号	甘肃证券有限责任公司	挪用客户交易结算资金、违法发售个人柜台债、违法自营和委托理财	取消证券业务许可，并责令其关闭
2006	证监罚字〔2006〕19 号	孙德明、易培剑	富成证券经纪有限责任公司非法挪用客户企业债券、违规开展委托理财业务；孙德明、易培剑是责任人	吊销孙德明、易培剑的证券从业资格证书
2006	证监罚字〔2006〕23 号	贺年	三江源证券经纪有限公司抚顺营业部挪用客户国债，贺年为责任人	吊销贺年的证券从业资格证书
2006	证监罚字〔2006〕24 号	朱玉国、王劲松、王国瑞、周波、赵云涌、苏丹、夏迪辉	长沙市商业银行股份有限公司非法划扣泰阳证券有限责任公司客户交易结算资金；朱玉国负领导责任，王劲松、王国瑞、周波、赵云涌、苏丹、夏迪辉负直接责任	对朱玉国处以警告并罚款 3 万元；对王劲松、周波和苏丹分别处以警告并罚款 1 万元，对王国瑞、赵云涌和夏迪辉分别处以警告
2007	证监罚字〔2007〕21 号	冼德生、梁乃伦、黄雄英、李仲华、梁民详、徐晖、杜庆强、梅玲、杨国银、李晓华	广东民安证券有限责任公司超范围经营资产管理业务，其下属 9 家证券营业部违规开展资产管理业务；冼德生、梁乃伦、黄雄英、李仲华、梁民详、徐晖、杜庆强、梅玲、杨国银、李晓华是责任人	对冼德生、梁乃伦、黄雄英分别处以警告并罚款 3 万元；对李仲华、梁民详、徐晖、杜庆强、梅玲、李晓华、杨国银分别处以警告并罚款 1 万元

续表

年份	行政处罚决定书文号	被处罚人	事由	处罚结果
2008	证监罚字〔2008〕7 号	中国民族证券有限责任公司成都沙湾路证券营业部，崔笋	挪用客户交易结算资金、向客户提供融资等；崔笋是直接负责的主管人员	没收中国民族证券有限责任公司成都沙湾路证券营业部违法融资所得 73.38 万元，并处以 80 万元的罚款；对崔笋给予警告，并处以 5 万元的罚款，吊销证券从业资格证书
2008	证监罚字〔2008〕30 号	隋新洛、刘卫、张五洲	五洲证券有限公司在不具备委托理财业务资格的情况下从事了委托理财业务，超出了经核定的业务范围等；隋新洛是主要责任人员，刘卫、张五洲是责任人员	吊销隋新洛、张五洲、刘卫的证券从业资格证书
2008	证监罚字〔2008〕51 号	王毅洁、季振东	昆仑证券有限责任公司在未取得客户资产管理业务资格的情况下擅自开展委托理财等；王毅洁、季振东是直接主管责任人	吊销王毅洁、季振东的证券从业资格证书
2009	证监罚字〔2009〕2 号	郭凯霞	中富证券有限责任公司挪用客户交易结算资金、挪用委托理财客户的资金、证券；郭凯霞是直接责任人	吊销郭凯霞的证券从业资格证书

续表

年份	行政处罚决定书文号	被处罚人	事由	处罚结果
2010	证监罚字〔2010〕20号	李先路、李良清	健桥证券股份有限公司开展违规委托理财业务，通过所控制的自营账户和资产管理账户挪用经纪客户的国债，进行国债回购，通过直接或委托等方式违法违规对外投资，超出核定的业务范围经营；李先路、李良清是直接负责的主管人员	吊销李良清、李先路的从业资格证书
2010	证监罚字〔2010〕25号	上海主升浪文化传播有限公司，熊碧波、林礼明、汪勇军、王圣雄、严为民	上海主升浪文化传播有限公司在不具备证券投资咨询业务资格的情况下从事了证券投资咨询业务；熊碧波、林礼明、汪勇军、王圣雄是直接负责的主管人员，严为民是其他直接责任人员	给予各责任人警告，对熊碧波、林礼明分别处以30万元罚款；对汪勇军、王圣雄分别处以10万元罚款；对严为民处以5万元罚款
2016	证监罚字〔2016〕129号	方正证券股份有限公司	在知悉存在引发违规配资及账户实名等风险的情况下，未按规定审查、了解客户真实身份	对方正证券股份有限公司责令改正，给予警告，没收违法所得7 862 735.62元，并处以15 725 471.24元罚款
2018	证监罚字〔2018〕104号	王法铜	操纵江苏如通石油机械股份有限公司、清源科技（厦门）股份有限公司及亚振家居股份有限公司股票	没收王法铜违法所得346 324 980.52元，并处以1 042 974 941.56元的罚款

续表

年份	行政处罚决定书文号	被处罚人	事由	处罚结果
2018	证监罚字〔2018〕130 号	朱益宇	违法买卖股票	没收朱益宇违法所得5 437 096.78元，并处以5 437 096.78 元罚款
2019	证监罚字〔2019〕11 号	吴学军	内幕交易“太阳纸业”股票	没收吴学军违法所得11 041 926.93元，并处以11 041 926.93 元罚款
2019	证监罚字〔2019〕12 号	程凌	内幕交易“太阳纸业”股票	没收程凌违法所得365 361.6 元，并处以 365 361.6 元罚款
2019	证监罚字〔2019〕13 号	余盛	内幕交易“太阳纸业”股票	没收余盛违法所得6 126 657.45 元，并处以6 126 657.45元罚款
2019	证监罚字〔2019〕18 号	王永江	内幕交易金发科技股份有限公司股票	对王永江处以 3 万元的罚款
2019	证监罚字〔2019〕23 号	屈振兴	内幕交易中安消股份有限公司股票	对屈振兴处以 30 万元的罚款
2019	证监罚字〔2019〕25 号	龙煜文	内幕交易广东银禧科技股份有限公司股票	没收龙煜文违法所得30 904 502.87元，并处以92 713 508.61 元罚款
2019	证监罚字〔2019〕29 号	深圳市富航投资管理有限公司，岳伟、李博亚	深圳市富航投资管理有限公司违法利益输送；岳伟为直接负责的主管人员，李博亚为其他直接责任人员	责令深圳市富航投资管理有限公司改正，没收违法所得 73 370 元，并处 80 万元罚款；对岳伟给予警告，暂停基金从业资格 3 年，并处 20 万元罚款；对李博亚给予警告，暂停基金从业资格 2 年，并处 10 万元罚款

续表

年份	行政处罚决定书文号	被处罚人	事由	处罚结果
2019	证监罚字〔2019〕32 号	王永琴	内幕交易浙江巨龙管业股份有限公司股票	责令王永琴处理非法持有的股票，并处以 50 万元的罚款
2019	证监罚字〔2019〕66 号	张红	内幕交易广州阳普医疗科技股份有限公司股票	没收张红违法所得 9 446 329.16 元，并处以 28 338 987.48元罚款

资料来源：根据中国证监会网站提供的行政处罚决定书整理而成。

司法实践中涉及混业经营判决的增加，体现了相关主体在混业经营活动中对其他金融机构、金融消费者等私权主体利益的负面影响。而行政机关对混业经营业务的相关处罚，则反映了混业经营活动对宏观金融秩序的影响。缺乏法律监管的混业经营的异化发展可能引发金融系统性风险、利益冲突风险，损害消费者利益。

第四节　我国金融混业经营异化扩张引发的多重风险

从 20 世纪中期开始在世界范围内开展的金融混业经营活动，一方面提高了金融机构的效率，分散了单一经营的风险，满足了消费者的多种金融需求；另一方面产生了对传统分业经营和既有法律体系的挑战，引发了多重风险。

一、金融控股公司复杂的业务结构威胁金融系统性安全

如前文所述，金融混业经营的主要组织形式分为德国式全能银行、英国式金融母子公司和美国式金融控股公司三种。我国的金融混业经营主要采取了金融控股公司模式，2020 年我国颁布了《金融控股公司监督管理试行办法》，也从立法层面确认了我国金融混业经营主要采取金融控股公司模式。

目前我国的金融控股公司总体上分为四种类型：第一种是由于历史原因，以金融机构身份同时控制着银行、证券、保险、信托等机构的金融集团，如中国中信集团有限公司、中国光大集团股份公司、中国平安保险（集团）股份有限公司等。第二种是大型国有商业银行通过在境外设立独资或合资投资银行向金融控股集团转变，如中银国际控股有限公司、建银国际（控股）有限公司、工商东亚金融控股有限公司等。第三种是近年来在金融机构增资扩股中，产业资本控股银行、证券等多类金融机构的企业集团，如中国宝武钢铁集团有限公司、国网山东省电力公司、海尔集团公司等。第四种是一些地方政府通过对控股的地方城市商业银行、信托公司、证券公司进行重组组建的金融控股公司。

各金融机构作为市场经济中的“经济人”并非理性地追逐利益，其从事的复杂金融活动也带有盲目性和自发性，可能给市场带来负面影响。金融控股公司跨行业、跨领域关联交易较频繁，各行业子公司的经营独立性不足，个别风险事件容易引发系统性风险。[①] 控股公司各内子公司之间、子公司与控股公司之间经常循环注资，内部业务板块由于受控股公司内关联方影响导致独立性不足，不同金融板块之间的合作标准低于控股公司外部同类机构之间的合作标准，子公司的业务审核、投资准入、产品标准的制定、客户选择、经营行为的受益主体受控股公司影响，其自愿性和独立性不足；金融控股公司内部在品牌、信息、销售渠道、客户资源方面形成协同共享机制，加上控股公司内部的管理方式和人员组成的交叉性，大幅增加了风险传导的渠道和概率。总体而言，资本的关联性、低标准的内部交易，品牌和资本信心的整体辐射是金融控股公司发生内部风险传递的核心原因。个别风险事件通过市场的“羊群效应”就会波及整个控股公司进而发生短期“挤兑”，而控股公司生态体系内的风险是牵一发而动全身的。

金融控股公司交错复杂的资本结构、不透明的内部治理、低标准和常态化的关联交易加剧了投资者、债权人、监管机构与控股公司管理层之间的信

---

① 阮郁：《金融控股公司内部风险治理存在的问题及改进建议》，载《财务与会计》2020 年第 22 期。

息不对称。[①] 这主要体现在两个方面。一是信息披露以强制性、被动性披露为主，自愿、主动性披露不足。一般情况下，在控股公司层面的信息披露是控股公司与子公司之间、子公司之间相互博弈和利益平衡的结果，披露成本由控股公司内各个组织体共同分担。此外，由于不披露或规避披露义务会给控股公司带来短期收益，所以控股公司的信息披露必然依赖于强制性、被动性信息披露规则。这种被动的信息披露会给投资人、债权人、监管机构的信息获取造成困难。二是控股公司信息披露不充分，选择性披露的做法容易引发系统性风险。在控股公司内部有上市子公司和非上市子公司。上市子公司必须执行严格的法定披露规则，而非上市子公司不但公司治理较为混乱、财务指标和经营信息管理不健全，而且披露意识淡薄。但两类公司有深度的利益和信息关联，极易引发内幕交易和侵害投资者的风险事件。而差别监管的制度环境规则更便于上市子公司进行选择性信息披露或者对重要风险信息进行模糊处理，导致系统性风险时有发生。

金融控股公司中存在高财务杠杆下的资本计算失真问题。[②] 金融控股公司内部通过交叉持股、循环注资和复杂的资本嵌套安排形成的财务杠杆比例太高，容易积聚形成系统性金融风险，且主要通过控股或合同安排形成紧密联系型的协同式组织集群。尽管在分业领域的对口监管部门都有相应的最低资本金或资本充足率要求，但金融业务本身的高风险与混业经营的风险交织凸显了金融控股公司的财务控制风险。金融控股公司一般首先通过资本市场发行权益类或债务类证券融资获得体系外的资本金，然后通过内部分配补充资本金、控股公司与子公司或子公司之间交叉持股、控股公司内各分支机构之间相互拆借或授信等资本运作，使得体系外进入的资本被多次利用和重复计算，结果是各组织机构的单独偿付能力加总后远高于整个公司的净偿付能力，导致公司的财务杠杆虚高。同时，金融控股公司通过资本的内循环为企业提供便利，最大限度地提高了资本利用率，也放大了各子公司等独立实体的利润率和资本充足率，形成高财务杠杆下的资本计算失真。

---

① 周春志、王莹：《我国金融控股公司发展现状与监管思考》，载《中国物价》2020 年第 8 期。
② 辛钇成：《金融控股公司关联交易监管方略谈》，载《经济师》2020 年第 9 期。

2018年，中国人民银行、中国银保监会、中国证监会2018年底联合印发的《关于完善系统重要性金融机构监管的指导意见》规定，系统重要性金融机构的参评标准可采用金融机构的规模指标，即所有参评机构表内外资产总额不低于监管部门统计的同口径上年末该行业总资产的75%；或采用金融机构的数量指标，即银行业、证券业和保险业参评机构数量分别不少于30家、10家和10家。2020年，中国人民银行又与中国银保监会联合制定《系统重要性银行评估办法》，规定了系统重要性银行的评估流程、方法、指标等内容。显然，金融控股公司由于其规模普遍较大、内部的关联性和复杂性较强等原因，很可能符合系统重要性金融机构的标准。但要考察金融控股公司是否能够成为系统重要性金融机构，并对其实施特殊监管的前提是对其资产、交易活动、交叉持股情况进行准确的记录和评估。但金融控股公司旗下的子公司众多，业务交错，结构复杂，对于数据的收集和真实性保证均存在一定的技术难度。

二、混业经营行为中的多重身份引发利益冲突风险

利益冲突问题并非金融领域所独有，也并非混业经营活动中特有的现象。只要存在着同一主体在不同活动中法律地位和代表利益的冲突，就必然产生利益冲突，以及由于劣势地位而产生的利益受损者。但金融混业经营活动加剧了利益冲突现象，使利益冲突的法律规制更为复杂和困难。

在金融混业经营下，对于从事多元化金融服务的金融控股公司来说，由于公司旗下的银行、证券、保险、信托等子公司各自服务于不同的客户，各自从事的业务互有差异，控股公司由此经常处在一个冲突性的角色地位，需要承担数种相互冲突的义务。因而利益冲突成为金融混业经营下一种普遍存在的现象。尤其是在传统的银行业务与其他金融业务并存于一个控股公司中时，这种利益冲突更为明显。金融控股公司为实现整体利润的持续增长，往往会利用其资金优势将其他金融产品与银行的贷款相“搭售”。首先，在允许商业银行经营证券业务的情况下，投资银行能否成功地销售证券对商业银行具有重大影响，商业银行可能会向第三方贷款，其条件是贷款的部分或全部必须用于购买其投资银行所承销的某种证券。其次，当商业银行发放一笔

没有支持的贷款后，为了避免贷款损失，商业银行会要求客户利用它的证券部门或集团投资银行子公司发行新的证券，从而使银行能够收回贷款，证券部门则获取手续费收入。最后，商业银行还可能通过经济锁定的形式再向客户提供某种类别的金融产品时要求客户购买控股公司其他部门的产品和服务，如银行可以利用与企业的借贷关系向客户搭配销售其他金融产品。由于商业银行具有最后贷款人制度这种特殊的安全网保障制度，金融控股公司中其他非银行金融业务产生的风险也可能通过内部运作转嫁给商业银行，利用救济手段来降低子公司的风险，这样就会造成贷款人制度的滥用。

混业经营活动还存在误导消费者现象。例如，2010 年原中国银监会发布了《关于进一步加强商业银行代理保险业务合规销售与风险管理的通知》（现已失效），规定商业银行网点直接向客户销售保险产品的人员，应当是持有保险代理从业人员资格证书的银行销售人员；商业银行不得允许保险公司人员派驻银行网点。但实际上，某些商业银行从利益出发并没有严格执行这一规定，保险销售人员仍有被派驻在商业银行网点的。一些银行柜台人员为了销售保险产品甚至虚假宣传，有意混淆保险和储蓄的区别，导致顾客还没有充分认识产品就购买了保险。

此外，证券投资基金利益冲突现象，保险机构资金运用中的利益冲突现象，证券公司、商业银行滥用信托账户问题，也都是混业经营活动中利益冲突问题的突出表现。

三、高风险混业经营对存款保险制度的负面影响

2015 年《存款保险条例》在我国正式实施，这意味着存款保险制度在我国正式建立。存款保险制度的建立改变了我国商业银行长期由政府隐性担保的局面，有利于促进商业银行的独立运营，有利于维护银行领域的公平竞争环境，对储户的利益也提供了有力的保障。然而，金融机构的经营活动也逐渐超越传统银行、证券、保险的业务分野，展开了混业经营活动。特别是在商业银行利差日益缩小的背景下，其经营业务逐渐从传统的存贷业务扩展到代理保险、理财业务、资管产品等更高风险的复杂金融业务领域，这就增加了存款保险基金的风险性。同时在拥有银行子公司的金融控股公司中，高风

险的混业经营活动也可能形成对存款保险制度的负面影响。

2021 年，包商银行股份有限公司（原包头市商业银行，以下简称包商银行）被裁定破产，正是混业经营活动异化发展、损害存款保险制度、危害存款保险基金的典型例证。2019 年，包商银行因出现严重信用风险，被中国人民银行、中国银保监会联合接管。2020 年，包商银行最终被北京市第一中级人民法院裁定破产。而包商银行产生信用风险是因母公司为明天控股有限公司的“明天系”① 资本，疯狂扩张，同时参股、控股多个工商企业和金融企业，大规模进行产融结合的混业经营活动，进而掏空金融机构的结果。

“明天系”掌控多家上市公司，控股、参股三十多家金融机构，是典型的全能型混业金融控股公司，其几乎在每个金融分支都拥有旗舰型企业。②自 1998 年开始，“明天系”陆续通过增资扩股和受让股权等方式不断提高其在包商银行的股权占比，截至 2019 年 5 月末，已有 35 户“明天系”企业共持有包商银行 42.23 亿股，占包商银行全部股份的 89.27%。在控股包商银行期间，“明天系”通过虚构业务，以应收款项投资、对公贷款、理财产品等多种交易形式，共占用包商银行资金逾 1500 亿元，占包商银行资产总规模的约 30%。“明天系”长期占用包商银行资金，最终导致无法归还，严重损害包商银行的利润和资产质量。③

而包商银行的最终破产则是动用了大量的存款保险基金。2020 年全国银行业金融机构存款保险共归集保费 423.88 亿元，而为了对包商银行进行风险处置就使用存款保险基金 676 亿元。同时，为徽商银行承接包商银行的部分债权债务，使用 88.9 亿元认购徽商银行股份；100 亿元用作存保公司资本金，其中 66 亿元用于设立蒙商银行，承接包商银行的另一部分债权

---

① “明天系”指市场对肖建华控制的数十家上市公司、金融机构的统称。明天控股有限公司总部设于北京，不仅拥有控股、参股及曲线持有几十家上市公司，还构建了涵盖证券、银行、保险、信托、期货、PE、基金等机构的完整金融产业链，使“明天系”成为一家持有金融全牌照的民营资本机构。参见刘照普、李永华：《“明天系”20 年》，载《中国经济周刊》，2017 年 2 月 13 日。

② 陈哲、范效军：《问题金融控股公司的风险处置——基于“安邦系”和“明天系”的案例研究》，载《银行家》2019 年第 8 期。

③ 参见《中国金融稳定报告 2021》，载 http://www.pbc.gov.cn/goutongjiaoliu/113456/113469/4332768/index.html，2022 年 3 月 23 日访问。

债务。截至2020年年末，我国存款保险基金存款余额620.4亿元。① 在应对包商银行破产事件中动用的存款保险基金总额，多于我国存款保险基金的余额。

混业经营对存款保险制度的负面影响的本质原因是存款保险制度的道德风险在混业经营情况下被放大了。存款保险虽然有利于减少国家对商业银行的隐性担保，有利于保护存款人的利益，但极可能产生商业银行自身和存款人的道德风险。也就是说，商业银行由于存款保险制度的存在更倾向于进行高风险活动而不必考虑破产风险，而存款人则由于存款保险制度的存在不再关心商业银行的经营状况，失去从外部监管商业银行的兴趣。在混业经营的情况下，商业银行的风险不仅仅限于对传统存贷业务风险的放任，更可能将经营范围扩大到风险更大的证券相关业务、资产管理业务等领域。这就可能造成商业银行或具有商业银行子公司的金融控股公司一方面开展高风险业务，赚取高额利润；另一方面利用享有存款保险保障的银行业务转嫁其他高风险业务的风险。这会产生很强的心理暗示，即商业银行进行高风险业务，成功将收益全收，一旦出现损失，却是由存款保险基金来负责，实际上是参保银行集体平摊、纳税人承担损失。②

第五节　金融混业经营异化扩张对金融法治的挑战

一、分业立法与混业经营现实的错配

（一）我国金融法治历程

金融混业经营的异化扩张可能引发多重风险。这些风险使我国的分业经营监管体系和金融立法体系的问题逐渐暴露出来。

---

① 参见《2020年存款保险基金收支情况》，载 http：//www. pbc. gov. cn/jinrongwendingju/146766/2165207/4221699/index. html，2022年3月21日访问。

② 颜苏：《我国存款保险制度风险差别费率研究》，载《上海对外经贸大学学报》2019年第1期。

1993 年国务院颁布《关于金融体制改革的决定》，1995 年和 1998 年先后颁布《商业银行法》《保险法》《证券法》等，这些法律规范建立了我国“分业经营，分业监管”的金融监管体系。自 2003 年开始我国对金融基本法律多次进行了修订，增加了“但书”的规定，适时适度地为混业经营预留了法律空间。《商业银行法》在 2003 年修正时将第 43 条修改为“商业银行在中华人民共和国境内不得从事信托投资和证券经营业务，不得向非自用不动产投资或者向非银行金融机构和企业投资，但国家另有规定的除外”。2015 年修正时保留了此条规定。《证券法》在 2005 年修订时将第 6 条修改为“证券业和银行业、信托业、保险业实行分业经营、分业管理，证券公司与银行、信托、保险业务机构分别设立。国家另有规定的除外”。且在 2013 年修正、2014 年修正、2019 年修订时保留了此规定。这二者都增加了“国家另有规定的除外”。《保险法》在 2009 年修订时将第 8 条修改为“保险业和银行业、证券业、信托业实行分业经营、分业管理，保险公司与银行、证券、信托业务机构分别设立。国家另有规定的除外”。同时第 6 条被修改为：“保险业务由依照本法设立的保险公司以及法律、行政法规规定的其他保险组织经营，其他单位和个人不得经营保险业务”。较之前增加了“法律、行政法规规定的其他保险组织”，且在 2014 年修正、2015 年修正时保留了此两条规定。

2005 年，中国人民银行、原中国银监会、中国证监会联合发布了允许商业银行设立基金管理公司的《商业银行设立基金管理公司试点管理办法》；2009 年，原中国银监会发布了允许商业银行投资入股保险公司的《商业银行投资保险公司股权试点管理办法》；2012 年，中国证监会发布允许期货公司从事资产管理业务的《期货公司资产管理业务试点办法》（现已失效）。

2017 年 11 月，经党中央、国务院批准，国务院金融稳定发展委员会成立，作为国务院统筹协调金融稳定和改革发展重大问题的议事协调机构，其主要职能是落实国家的决策部署、统筹金融改革发展与监管、协调货币政策与金融监管相关事项，统筹协调金融监管重大事项、协调金融政策与相关财政政策、产业政策等。

2018年4月，国务院直属事业单位——中国银保监会成立，改变了我国长达24年的“一行三会”金融监管格局。我国金融监管体制形成了国务院金融稳定发展委员会、中国人民银行、中国银保监会和中国证监会组成的“一委一行两会”全新监管格局。中国银保监会的主要职责是依照法律法规统一监督管理银行业和保险业，维护银行业和保险业合法、稳健运行、防范和化解金融风险，保护金融消费者合法权益，维护金融稳定。

2018年11月，为完善我国系统重要性金融机构监管框架，建立系统重要性金融机构的识别、监管和处置机制，防范系统性风险，有效维护金融体系稳健运行，中国人民银行、中国银保监会、中国证监会联合印发《关于完善系统重要性金融机构监管的指导意见》。

2020年9月，中国人民银行发布《金融控股公司监督管理试行办法》，其中第42条第1款规定：“中国人民银行根据履行职责的需要，建立统一的金融控股公司监管信息平台和统计制度，有权要求金融控股公司按照规定报送资产负债表、利润表和其他财务会计、统计报表、经营管理资料以及注册会计师出具的审计报告。具体报送要求由中国人民银行另行规定。”这一规定明确对金融控股公司的监管责任由中国人民银行承担，同时主张建立统一的监管信息平台来加大监管力度。

2020年9月，国务院发布了《国务院关于实施金融控股公司准入管理的决定》。该决定第三部分第一项规定：“本决定施行前已具有本决定规定应当申请设立金融控股公司情形的，应当自本决定施行之日起12个月内向中国人民银行申请设立金融控股公司。逾期未申请的，应当按照中国人民银行会同国务院银行保险监督管理机构、国务院证券监督管理机构提出的要求，采取转让所控股金融机构的股权或者转移实际控制权等措施。”第三部分第二项规定：“非金融企业或者经认可的法人控股或者实际控制的金融资产占其并表总资产的85%以上且符合本决定规定应当申请设立金融控股公司情形的，也可以依照本决定规定的设立金融控股公司条件和程序，申请将其批准为金融控股公司。”这些规定表明，监管层对金融机构加强监管的决心，即只要应当申请设立金融控股公司的，都应当申请，无论是金融企业还是非金融企业，要防止符合条件的金融控股公司或非金融企业通过不予申请设立逃避监管，从而进行监管套利。只有先申请设立金融控股公司，才能以金融控股公司的特殊监管要求对这些规模大、机构复杂、多业务经营的金融集团进行针对性监管。

2020 年 9 月，中国证监会对《关于加强上市证券公司监管的规定》进行修正。

2021 年 6 月，中国银保监会发布《银行保险机构公司治理准则》，在该准则中首次提出在银行保险机构中应当设立独立的风险管理部门负责全面风险管理和设立首席风险官，并且确立了银行保险机构董事会承担全面风险管理的最终责任。同时该准则废止了《商业银行公司治理指引》和《关于规范保险公司治理结构的指导意见（试行）》，且规定本准则施行前中国银保监会、原中国银监会、原中国保监会发布的其他监管规定与本准则相冲突的，以本准则为准，强调了该准则的效力优先。

我国金融领域的立法取得显著成果，已经建立起相对完整的金融法律体系和制度。但是随着金融混业经营的不断深化，金融业的日益开放，金融产品的逐渐增加，金融风险的日益扩张，现存分业为主体的金融法律制度仍显不足。

（二）监管框架有待完善

长期以来，我国金融业的经营和监管遵从“分业经营、分业监管”的原则。但近年来，我国原有按照金融各行业的专业对监管进行权力限制的传统模式发生了改变。从 2017 年起，为了加强金融监管协调、补齐分业监管的短板，设立了国务院金融稳定发展委员会，在县级以上地方人民政府成立地方金融监督管理局，加强地方政府的金融风险监控。① 2018 年，原中国银监会和原中国保监会合并为中国银保监会正式运行，至此我国金融混业经营监管形成了“一委一行两会”的监管框架体系（见图 1 – 10）。

① 陈艳茹、朱军霞：《从“一委一行两会”看我国金融监管体制现状》，载《环渤海经济瞭望》2020 年第 6 期。

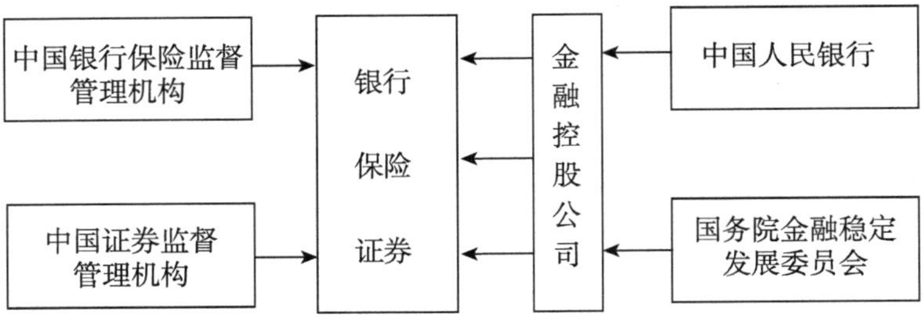

图 1－10　我国金融监管框架概图

一国的监管体制大致可以分为三种类型：统一型金融监管体制、分业型金融监管体制、不完全统一型金融监管体制。随着我国国务院金融稳定发展委员会的建立和中国银保监会的成立，我国目前的金融监管体制应属于不完全统一型金融监管体制。不完全统一型金融监管体制集合了前两种金融监管体制的优势，能够更好地发挥各金融机构在不同金融领域监管的专业优势，并且有力避免了监管缺位。然而这种监管体制也存在一定的不足，即难以准确判断金融体系风险的最终控制方，无论是牵头监管者还是双峰监管者，都无法对整个金融系统风险进行完全的把控，不利于金融市场的稳定发展。①

目前金融监管主体的性质多为行政机关，其监管活动的主要依据是行政规章。实践中监管机构适用的监管规则主要是不同监管机构颁布的行业性规章和准则，从法律位阶上看低于法律规范。由于没有法律规范的权威性，不同金融机构制定的规章往往是针对本部门的突出问题的，缺少对该问题涉及的其他金融监管机构负责事项进行事先协调，因此这些规则在涉及相关问题时的处理办法、处罚尺度等内容方面往往存在冲突，也会存在缺少协调而导致的监管真空。为了解决监管冲突和监管空白，更好地回应金融混业经营的现实情况，中国银保监会成立了，致力于金融监管协调的国务院金融稳定发展委员会成立了。金融监管的合作的成本依然很高，而增加监管主体之间的相互协商成本，协商越困难过程越烦琐，其合作成本就会越高。② 同时，在

① 蒲劭颖、兰日旭：《混业经营背景下我国金融监管模式选择探析》，载《科技创新与生产力》2019 年第 9 期。

② 王涛：《“动物精神”视角下中国金融监管优化研究》，广西大学 2018 年博士学位论文。

司法实践中，我国法院不仅是传统意义上的裁判者，也是金融风险的重要治理者。金融市场呈现出金融司法与金融监管分立式治理的监管格局，金融司法与金融监管各司其职，金融规章往往得不到法院民事司法的肯定性确认，造成金融准则和裁判准则不相匹配。[①] 虽然这种分立式治理机制有助于避免监管垄断、防止行政权力滥用，但基于金融社会的大背景和金融风险的特殊性，其在制度正当性、智识合理性、功能有效性和结构科学性等方面都有缺失。应当构建司法与监管协同的金融风险治理机制，在司法认可并尊重金融监管规则的基础上，通过机制创新，实现金融司法与金融监管对金融风险的协同共治。

（三）监管内容仍存在不足

1. 银行保险监管内容的不足

我国混业经营表现形式主要包括银保混业经营、银证混业经营、证保混业经营以及金融控股公司经营。随着中国银保监会的正式运行，其对银行、保险行业的监管逐渐加强。中国银保监会列举了2020年重点任务清单，其中列明防风险领域，稳妥处置高风险机构，探索完善银行保险机构恢复与处置机制，区分系统重要性与非系统重要性机构，实施差异化监管是银保监会工作的重点。2021年中国银保监会发布的《银行保险机构公司治理准则》（以下简称《准则》）虽然加大了监管覆盖面积，银行和保险混业之间的监管空白相对减少，但其中的监管规制内容仍有待完善。

第一，《准则》没有专门针对法律责任的规定，对于违背治理准则行为的处罚规定较少。虽然股份有限公司形式的商业银行、保险公司，具有一般股份有限公司的共同属性，也受到《公司法》中“法律责任”部分的约束。但银行保险机构不同于非金融领域的股份有限公司，金融领域股份有限公司自身管理的好坏决定企业自身的生存和发展，一旦出现经营不善等状况，影响的范围主要波及员工和债权人。而银行保险机构由于从事金融领域的经营，明显具有更强的外部性。如果机构内部组织形式不完善、不健全则容易导致管理失灵，因金融领域的传播性强、扩散速度较快，一旦银行保险机构处于

---

① 鲁篱：《论金融司法与金融监管协同治理机制》，载《中国法学》2021年第2期。

治理机制失灵的状态下则会很快引发潜在的金融风险。

第二，《准则》第99条和第100条规定了应当设立首席风险官或风险责任人，以及设立独立的风险管理部门。这些规定涉及公司企业自身道德风险以及规范不完善的问题。其一，风险责任人可以直接指定一名高级管理人来担任，自我监督容易造成形式性审查，并不能做到真正的风险防控。金融领域本就是追逐利益的“战场”，金融公司难以做到洁身自好。并且在违背治理准则的情况下业内也并没有规定明确的处罚规则，显然仅靠公司的自觉性显然是不可取的。其二，对于风险管理部门的成员组成规定，以及成员任职期间并无准确规定。其风险管理部门的成员可能有多重身份，这样就很容易造成利益冲突。没有具体详细如董事会、监事会组成规定，就容易导致该部门形同虚设。

第三，《准则》第98条规定，银行保险机构董事会承担全面风险管理的最终责任。其一，这条规定与风险管理部门相冲突，虽然第100条规定风险管理部门具有独立性，但这条又强调了董事会是终端责任者，就会造成前者部门的失职情况，同时由于后者承担最后的归责，所以在一定程度上风险管理部门也会依附于董事会而丧失其独立性。其二，关于董事会成员确定是否需要进行商事登记的问题。因为涉及不利后果承担，其性质脱离了公司内部管理责任制度，但是《准则》并没有规定登记问题，所以可能会出现规避责任的现象，导致追责难以实现。

2. 金融控股公司监管内容的不足

2020年，中国人民银行公布了《金融控股公司监督管理试行办法》（以下简称《办法》）。《办法》是对混业经营的主要组织形式——金融控股公司进行的针对性法律规范，有力回应了金融混业经营对监管提出的新要求。其中规定了金融控股公司的界定、设立和许可、公司治理、并表监管、监督管理、法律责任等一系列问题，确立了混业经营环境下金融控股公司法律制度的框架，但该规定仍存在诸多不足。

《办法》第2条规定，本办法所称金融控股公司是指依法设立，控股或实际控制两个或两个以上不同类型金融机构，自身仅开展股权投资管理、不直接从事商业性活动的有限责任公司或股份有限公司。但是，在市场经济环境下，市场主体多种经营、跨行业并购的情况越来越多，很多涉足金融业的大型集团其母公司并非金融机构，而是具有工商业经营性质的企业集团，如海航集团、海尔集团等，此类集团的母公司仍然从事工商业活动。显然母公司仍然从事工商业活动的企业集团，并不是《办法》所指的标准意义上的金融控股公司。因此，此类金融控股公司的监管必将会涉及金融监管机构与非金融监管机构的合作，在监管模式上对此类金融控股公司没有规定，工商业控股的金融控股公司监管部门之间合作缺乏协调。监管的对象是金融控股公司且具有很强的针对性，但该规定又难以包含所有类型的金融控股公司。而将金融机构跨业投资而形成的金融集团排除出《办法》之外，这在监管体制上容易形成“多重标准”，不利于形成统一的金融监管市场。容易形成监管真空问题，导致风险不断累积。同时，从《办法》中规定的“金融控股公司”的概念可知，其不包含全部类型的非金融企业设立的金融控股公司，但是根据《办法》第 29 条的规定，金融控股公司风险管理体系覆盖了“从事金融活动的机构”，包含的范围明显大于《办法》所设定的主体范围，出现了先后矛盾的情况。总的来说，《办法》是对金融控股公司监管具有极强针对性的部门规章，但是在其规定的金融控股公司主体范围上，却没有包含全部种类的金融控股公司。这显然是立法的疏忽，需要对监管的金融控股公司范围、概念进行重新调整，尽可能多地将不同类别的金融控股公司纳入其中。

《办法》第 4 条规定了我国金融控股公司监管实行主管机关监管与行业监管相结合的模式，即中国人民银行针对金融控股公司实施机构监管，负责对金融控股公司的设立、变更、终止以及业务范围进行管理，中国银保监会、中国证监会以及外汇管理部门对被控股金融机构进行监管，同时各监管主体之间要加强信息交流与合作。但在此规定中，没有规定主导地位的金融监管主体。目前针对金融控股公司的监管强调分工合作，但中国银保监会、中国证监会、中国人民银行之间的监管权限分配不明确，不利于金融监管活动的有效开展。

《办法》第 27 条规定了金融控股公司为了保证其资本充足率，可以发行合格资本工具，但是对资本合格工具的概念与范围却没有明确的定义。《商业银行资本管理办法（实行）》规定，商业银行的资本工具分为一级资本工具（IPO、优先股、永续债等）和二级资本工具（二级资本债等）。但是金融控股公司的金融机构并不仅仅是商业银行，还包括保险机构、信托机构、证券机构，此类金融机构能否适用商业银行的补充资本工具并不明确。目前金融控股公司监管部门法律尚未对合格资本工具作出界定，《办法》规定合格资本工具的目的是维持金融控股公司的资本充足率，保护金融系统的稳定，但是不对合格资本工具的含义、类型以及范围作出明确的规定，难以使其发挥真正的效用。

《办法》第48条仅仅规定了金融控股公司难以持续经营，损害公众利益的，应当依法实施市场退出。但是对于退出程序如清算等并没有较为明确的规定。金融控股公司出现难以经营的状况本身已经就蕴含风险，如果在退市程序中不加以监管，则容易造成风险暴露。

二、安全网制度的不足

金融安全网的三大支柱是金融监管机构的审慎监管制度、最后贷款人制度、存款保险制度。其中，审慎监管制度处于第一层，它使得金融机构的经营处在稳健的基础上。最后贷款人制度处于第二层，当银行的经营出现暂时流动性困难时，中国人民银行给予最后贷款可以避免非必要的倒闭。存款保险制度处于第三层①，当银行破产倒闭时，存款人可以获得赔付。

（一）审慎监管制度

审慎监管制度是安全网的第一层。混业经营活动增加了中国人民银行等金融监管机构的监管成本。中国人民银行作为最后贷款人为了减少信息不对称而造成的损失，负有对金融机构的审慎监管责任，如审查商业银行的不良资产情况。在分业经营模式下，银行不良资产的成因仅来自受贷人。进入混业经营时代，资金流动渠道多样、金融控股公司结构复杂、业务往来交错。因此对于资产状况审查要更加予以及时并作出风险评估。在《关于完善系统重要性金融机构监管的指导意见》中就有评估与识别系统重要性金融机构的方法和参评范围规定，可见监管机构对于金融机构监管力度加大，而与此同

① 林慧娟、刘培红：《中央银行最后贷款人风险防范》，载《时代金融》2018年第14期。

时监管力度的加大也同样意味着监管成本的提高。

（二）最后贷款人制度

最后贷款人制度是中国人民银行的一项重要职责制度，是在银行体系遭遇不利的冲击，需要流动性资金时，则由中国人民银行向银行体系提供流动资金，确保银行体系安全运营的制度。这一制度就可以阻断危机传染路径，终结惶恐，给金融体系设置安全屏障。

银行资金流动性的困难是最后贷款人制度存在的原因。银行一般是短借长贷，它吸纳储蓄的期限很短，但是贷款期限较长，当银行发放贷款出现回收难的问题时就会发生资金流动性问题。当银行陷入困境时，中国人民银行会提供资金流动予以帮助。但在混业经营状态下，可能存在银行业本身并没有受到冲击，而是进行跨业经营所涉及的行业受到冲击的情况，导致银行自身对资金流动性需求增大。这样的情况是否符合中国人民银行给予资金流动性帮助的条件，成了混业经营活动给最后贷款人制度提出的问题。

我国改革开放后，中国建设银行、中国工商银行、中国农业银行、中国银行四大国有银行为国有企业发展提供支持，承担着国有企业改革的成本，自身积累了巨额的不良资产。而最后贷款人制度的重要内容就是消化多年积累的巨额不良财产。最后贷款人制度的负责人中国人民银行，因“财政性”的过度使用，导致自己并不能成为金融机构风险的决策者。[①] 混业经营可能在以下几个方面对最后贷款人制度产生不良影响。第一，拥有银行子公司的金融控股公司，可能利用不同子公司之间的协同行为，将银行子公司可能获得的最后贷款人保护扩散到非银行子公司，形成最后贷款的不当扩散。第二，作为最后贷款人的中国人民银行往往处于信息劣势地位，贷款人极容易形成资本重复利用，形成表面上的清偿能力。所以明确贷款人是否具备再贷款的条件是至关重要的。如果中国人民银行丧失了“自主性”，则会不断地吸收不良资产，不断地为金融机构输入资金，但并不会终止金融风险传染。被输入资金的金融机构为了自身的利益和清偿贷款会继续投入更高利润领域，而更高利润则会带来更大风险，导致本身的风险性并没有降低，反而增加了，

① 陶大勇：《中央银行最后贷款人风险防范》，载《财经界》2017年第36期。

最终造成更大的金融风险。作为金融风险的最后一道防火墙，中国人民银行在进行再贷款时应明确该金融机构有无清偿能力，如丧失清偿能力则应进行清退。第三，混业经营会加剧最后贷款人制度的道德风险，鼓励金融机构的投机活动。① 当金融机构面临破产倒闭的冲击时，会有中国人民银行进行最后贷款的救济，这样会使机构自我的监督约束被弱化。由于存在这种保障性的救济制度，金融机构更倾向于从事高风险、高收益的经营活动。而在混业经营情况下，金融机构可能从事的相关业务更为广泛，法律关系更为复杂，这就使金融风险不断积累。

（三）存款保险制度

存款保险制度是保障储户利益、维护金融系统稳定的重要制度。我国《存款保险条例》自 2015 年施行以来，诸多缺失日渐显现，至今已不能完全应对当今复杂的金融风险环境、维护金融系统的稳定。② 因此 2020 年《中共中央关于制定国民经济和社会发展第十四个五年规划和二〇三五年远景目标的建议》中提出了“完善存款保险制度，健全金融风险预防、预警、处置、问责制度体系”。

如前文所述，存款保险制度本身就存在着道德风险，而混业经营活动加剧了存款保险制度的道德风险。这就需要监管部门通过法律制度合理安排，既能发挥存款保险制度的积极作用，又能最大限度地限制混业经营对存款保险的消极影响。然而，目前我国存款保险制度在保险基金管理主体和保险费收取制度方面还不能适应金融混业经营的特殊风险监管要求。

第一，我国存款保险基金管理机构的法律地位与监管权限规定不明，影响了存款保险基金管理机构对投保主体混业经营风险的管控。2015 年 3 月 20 日，国务院发布《关于同意存款保险制度实施方案的批复》，同意存款保险基金由人民银行设立专门账户，分账管理，单独核算，管理工作由人民银行承担。由此，中国人民银行正式成为存款保险基金的管理机构。2019 年 5 月

① 王兆星：《大而不倒与系统重要性机构监管——国际金融监管改革系列谈之四》，载《中国金融》2013 年第 15 期。

② 樊启荣、高小雯：《存款保险之法本质辨正——责任保险抑或保证保险》，载《东岳论丛》2021 年第 12 期。

24 日，中国人民银行全资设立存款保险基金管理有限责任公司（以下简称存保金管公司），注册资本为 100 亿元，经营范围包括：进行股权、债权、基金等投资；依法管理存款保险基有关资产等。[①] 在存款保险基金管理有限责任公司成立后，我国实现了最后贷款人与存款保险基金管理机构的割离。但存款保险基金管理机构是作为中国人民银行的全资子公司设立的，双方在法律关系和职能边界上仍较为模糊。

目前商业银行的监管主体有中国人民银行、中国银保监会与存款保险基金管理公司。这导致了两个问题：一是早期纠正机制与存款保险制度的冲突。中国人民银行、中国银保监会与存款保险基金管理公司会依法对商业银行及其业务实施限制与约束，使其稳健经营以规避风险，对其履行早期纠正责任，而且存款保险制度得以实施的前提是对银行进行审慎性监管，但是早期纠正机制一旦得到实施，存款保险制度便失去了意义。二是早期纠正机制主体的不确定。究竟是三者划分职责范围都发挥早期纠正的职能，还是根据我国实际情况选择其中一个机构实行早期纠正仍有待商榷。而且由于早期纠正主体、职责并不能明确划分，这便可能导致在实施过程中三个主体之间互相推诿，不履行职责现象的发生。[②]

第二，能有效抑制存款保险道德风险的差别费率制度仍存在不合理之处。2015 年《存款保险条例》第 9 条第 1 款对存款保险的费适用的费率进行了原则性的规定：“存款保险费率由基准费率和风险差别费率构成。费率标准由存款保险基金管理机构根据经济金融发展状况、存款结构情况以及存款保险基金的累积水平等因素制定和调整，报国务院批准后执行。”这一规定从立法层面考虑到了各个银行不同的风险水平，试图建立一种能真正反映保险费与风险水平相适应的制度。此后，中国人民银行也制定了具体规则对风险费率进行细化，例如，2016 年中国人民银行印发《存款保险评级管理办法（试行）》、《存款保险费率管理和保费核定办法（试行）》，2017 年 6 月印发《关于继续做好存款保险费率管理工作的通知》。

---

① 莫开伟：《设立存保金管公司正当时》，载《理财》2019 年第 7 期。

② 赵云晗：《央行、银保监会与存款保险公司在商业银行风险管理中的博弈分析》，载《今日财富》2021 年第 7 期。

但在实践中，无论是实施基准费率还是风险费率，商业银行作为存款保险的投保主体其缴纳保费的主要依据还是吸收存款的总量，即以商业银行主营存款业务的风险程度缴纳存款保险费。但近年来，银行的负债构成从来自存款的结构单一，逐步进行跨业经营，涉及保险业、证券业等多种金融领域。商业银行自身风险性扩大，而按照银行吸收存款比例来预估风险，并不能反映商业银行的风险状况。例如作为金融集团的中国建设银行集团，其内部有建信信托、建信人寿、建信期货、建信金融租赁等多个子公司。金融集团复杂的混业经营业务可能导致其风险远远超过依据吸收存款所预估的风险程度。① 同时监管机构收取存款保险费仍然考虑了投保机构的性质，国有商业银行的费率相对最低，城市商业银行的费率普遍高于国有商业银行，股份制商业银行的费率水平波动较大。② 虽然国有商业银行资产规模大、竞争力强、具有国资的背景，通常被认为风险较小。但从混业经营的角度来看，这些大型国有商业银行集团往往拥有金融业的全牌照，子机构众多，无论从资产规模还是内部结构而言都具有系统重要性。从对金融业的宏观影响而言，大型国有商业银行的存款保险费率不应低于中小商业银行。也就是说其存款保险费率的确定不能与其风险程度相适应。

三、混业经营监管规则缺少显性化的制度安排

拉赛尔·柯克曾言："稳定的政府源自法律，而非法律出自政府。"③ 司法体系适用监管部门的监管规则时尤其应注意，它随着政府的政策变化而变化，监管规则相较法律而言非常不稳定。而金融业相对发达的国家，无论其选择何种金融监管框架，无论其监管措施是严格还是放松，其金融监管过程都以法律规范作为主要依据。

"金融是国家重要的核心竞争力，金融安全是国家安全的重要组成部分，

① 徐忠：《有效的金融监管体系探讨》，载《清华金融评论》2018 年第 8 期。

② 夏江山：《我国问题投保机构预防与处置机制研究》，天津财经大学 2018 年博士学位论文。

③ ［美］拉塞尔·柯克：《美国秩序的根基》，张大军译，江苏凤凰文艺出版社 2018 年版，第 96 页。

金融制度是经济社会发展中重要的基础性制度。”① 为了维护金融业的健康发展，各监管机构在不同历史时期制定了规范金融业发展的多种行政监管规范，这些行政监管规范在实践中发挥了规范金融机构行为、维护金融业健康稳定发展的重要作用。然而，近年来随着我国金融业的加速发展，金融混业趋势日益明显，各类金融创新形式、金融创新产品不断涌现。金融业本身具有的高风险性随着混业经营的深化发展，衍生出复杂的跨业风险。而以部门规章为主体的行政监管规则，则显现出规则重叠、冲突、随意解释的问题，缺乏系统性和权威性。其中监管部门的监管活动甚至不体现为行政监管规则，而是缺乏法律指引的具体行政指令。以行政监管规则，甚至是隐性行政活动的方式对复杂、高风险的混业经营活动进行规范，不足以应对金融混业经营活动中可能产生的多重风险。在金融混业经营背景下，监管规则和监管措施应当逐渐走向协调、统一，上升为显性的法律规范体系。

① 武安华：《第五次全国金融工作会议指明金融发展新方向》，载《银行家》2018年第1期。

第二章

行政监管规则隐性化与金融监管法律的失灵

在市场竞争压力和金融创新的推动下，我国金融综合化经营趋势明显，跨市场金融合作不断深化。这集中体现在跨市场金融产品日益增多，金融机构之间股权交叉持有不断涌现，各种类型的金融控股公司在我国已经形成，并成为金融市场的重要力量。① 基于金融混业的不断深化，金融监管机构不得不在既定的分业监管基础上重新解释金融监管规则，划定新的监管权力边界。而在这一过程中，由于我国金融监管机构性质是政府机关又在金融发展中处于主导地位，这就不可避免地导致金融监管目的及其实现具有强烈的行政色彩。如债券市场，其作为金融市场的重要组成部分，便遵循着政府主导的强制性和自上而下的制度变迁过程。② 与此同时，虽然我国的金融市场已经历经了30多年历史，但计划经济的观念仍不时地刺激着监管机关。“安全”与“发展”的矛盾冲突长期存在。

客观而言，由政府机关监管金融行为，尤其是监管较为灵活的金融混业行为，相较于金融司法更易于应对金融市场突发的各类事件和危机。然而，过于灵活、细致的行政监管极易促使金融监管部门产生依赖，进而发展出一系列“隐性化”行政监管规则，难以保障金融市场长期稳健运行。此外，高度自由的行政裁量与碎片化的监管法律又时常与市场意志相悖，其是否可以

---

① 朱崇实、刘志云等：《混业经营趋势下的中国金融监管法：挑战与革新》，厦门大学出版社2013年版，第131页。

② 李安安：《债券市场风险防范机制的范式转型及其法律回应》，载《华中科技大学学报（社会科学版）》2019年第1期。

回应市场发展的需要以及符合培育市场的目的[①]也应当从实现监管法治化的角度进行考量。对于现今中国的金融监管体系和金融市场发展状况，如何实现以上实体价值，可以从行政监管规则隐性化与金融监管法律的失灵两个角度反思，从而得出对于跨业风险防范的金融法治要求。

第一节 行政监管规则隐性化

行政监管规则的运行产生金融监管措施，这一过程通过国家强制力实现，但其中包括不同的行政行为，有的是行政处罚，有的是行政强制，有的是行政检查，有的则很难归入现有的行政行为类型之中，仍停留在未定型化的阶段。[②] 故对于行政监管规则隐性化问题的分析应当既符合金融法保障金融安全等一系列立法目的，又符合行政法对于行政行为的限制，在保证金融监管机关职能实现的同时，将金融混业行为监管回归于“政府——市场”这个二元关系中。

一、行政监管规则隐性化的表现

隐性化规则并不是无序的，恰恰相反，其为一种隐性化的秩序，尤其存在于微观的互动层次。在此结论上，如果认为制度化不仅包括制度规范对社会行动的制约，而且包括人们对它们的理解和认同，那么隐性化也可以被理解为制度化的一种表现形式。[③] 事实上，相对于显性制度化所代表的国家或社会总体利益，隐性制度化的出发点多数基于特定群体、组织的利益。虽然二者共同运行且并不总是冲突的。但隐性制度化与显性制度化的冲突化发展，必将对显性制度及其所符合的利益产生不利影响。由此，行政监管规则隐性

① 依据转轨经济法学理论，中国的现实国情决定了转轨时期的经济法是培育、发展市场的问题。如果说应然的经济法是弥补市场缺陷的“治病”之法，那么实然的转轨经济法就是“育人”之法。参见陈云良：《转轨经济法学：西方范式与中国现实之抉择》，载《现代法学》2006 年第 3 期。

② 邢会强：《金融监管措施是一种新的行政行为类型吗?》，载《中外法学》2014 年第 3 期。

③ 李金：《中国社会转型过程中的制度推进：显性制度化与隐性制度化》，载《探索》2001 年第 1 期。

化，就是行政监管运行过程中所产生的，未被现存金融监管规则所规定的，且为监管与被监管主体普遍认知或默认的行政监管规则和行为。而这一过程的冲突化，主要表现在金融监管机构的一系列隐性化行政行为对金融机构乃至金融行业所产生的负面影响。金融监管措施的表现形式并非一种独立的行政行为，而监管者存在的隐性化状态对被管理者的生产经营产生负面影响。具体来看，行政监管规则隐性化主要表现为行政行为依据的隐性化和结果的隐性化，其中金融业务监管隐性化与行政处罚裁量基准隐性化最具有代表性。

（一）金融业务监管隐性化

实践中，面对金融混业经营出现的异化现象，金融监管部门往往采取限制、叫停特定金融业务的行政化监管手段，如最常见的通知，以及发布暂行规定、管理办法等一般规范性文件，甚至于窗口指导、知识问答①等非正式文件。从其由行政机关向被管理者实施、虽然管理范围在行业内但被管理主体非特定、具有普遍约束力等特点来看，这一系列管理行为可以被看作行政法意义上的抽象行政行为。

金融监管机构对某类混业经营业务所做的限制性约束，与真正的抽象行政行为并不完全相同。通常的抽象行政行为（如法律规范）应具有普遍适用性，能够给予规则的约束主体充分的可预期性，起到引导行为、教育违规主体的作用。而金融监管机构的叫停、窗口指导等监管措施往往是由于特定时间段内此类业务积累的风险较高，出于解决危机的目的所作出的，并不具有宏观规划和长远考虑。因此，这类对混业经营的监管往往造成了从事该类业务的金融机构较大的损失，同时也使金融机构在从事某种新型业务时缺乏预期，无所适从，降低了金融机构的竞争力。这种“危机应对式”的监管看起来符合公平原则，即所有的符合条件的金融机构都不得从事某种特定业务，但从实际效果来看确是损害了那些对市场敏感、先开展某些混业经营业务、已经付出巨大成本的金融机构。由于新开展的金融业务往往要求资金规模较大，运营和宣传成本高，这样的限制性规定就造成了已从事此类业务的金融

① 2018年10月，中国证监会向券商下发《再融资审核财务知识问答》与《再融资审核非财务知识问答》，细化了再融资审核要点。

机构和未从事此类业务的金融机构之间合规成本的巨大差异，这既不符合鼓励创新的精神，也不符合实质公平的原则。由此，抽象行政行为也从针对不特定主体实质上转变为针对个别主体。值得注意的是，尽管金融监管机构对业务监管存在以上有违实体公正的可能性，但这并非否定了其现实意义的依据，正因为业务监管行为关系到从事相应业务主体的重大利益，所以金融业务监管隐性化问题的核心应当是管理行为背后依据的合法性。

依据前文，隐性制度与显性制度的冲突是对部分主体产生不利影响的主要原因，其中一种突出表现是监管机构之于被监管者的业务监管隐性化。以2015年中国证监会发文叫停券商代销伞形信托为例。[①] 早在2013年下半年，产业资本通过伞形信托进入A股的迹象即已显现，且以金融股为重点配置方向，同时大规模的资金通过伞形信托进入A股始于2014年7月，此后一度呈爆发式增长[②]。这表明伞形信托业务在证券市场从出现到被叫停存在一个相对完整的发展过程。中国证监会此次叫停业务的法律依据为《证券公司融资融券业务管理办法（2015）》第3条规定，即证券公司开展融资融券业务必须经中国证监会批准。值得关注的是，该条规定自2006年《证券公司融资融券业务试点管理办法》（已失效）施行时便已确立，且经过2011年与2015年6月两次修改也并未改动。显然，在这一原则性规定一直存在的情况下，2015年7月以前，业内并没有严格禁止这种伞形信托，而直至2015年7月，中国证监会出台《关于清理整顿违法从事证券业务活动的意见》严格禁止了此类业务，这对于广大券商来说是难以预料的。当然，严格禁止此类业务是与监管机构“降杠杆”的监管态度相符合的，显然监管态度相对于《证券公司融资融券业务管理办法》是隐性化的。在程序方面，由于中国证监会此次清理整顿是公开发文，所以证券公司切断接口时也往往不向信托公司单独出具公文，这增加了信托公司向客户解释的难度[③]，隐性化的监管行为实际上

① 伞形信托是一种金融创新，其最大的特点在于利用信托总账户下挂子账户分仓交易的方式，实现各子账户交易、会计核算、投资组合期限和信托财产分配的完全独立。参见蔡奕：《伞形信托业务模式及监管对策分析》，载《财经法学》2015年第6期。2015年7月12日，中国证监会第19号公告《关于清理整顿违法从事证券业务活动的意见》中明令禁止各机构和个人从事该类业务。

② 刘夏村：《伞形信托入市现状调查》，载《中国证券报》2015年2月16日。

③ 缪因知：《证券交易场外配资清理整顿活动之反思》，载《法学》2016年第1期。

产生了对被监管一方的不利影响。

金融业务监管隐性化的另一个表现存在于监管机构之间，表现为监管冲突与相应协调机制隐性化。一方面，金融监管冲突可以理解为由于监管权限本身划分不清，或者由于金融创新的发展超出既有规则框架，而导致不同监管机构之间职权的冲突。另一方面，也可以理解为不同监管机构之间因为监管目标、监管理念、监管方法乃至监管文化方面的差异，在监管实践中所体现出的矛盾与分歧①。以资产证券化监管为例。2014 年 6 月，平安银行 1 号小额消费贷款资产支持证券业务被中国人民银行叫停，该业务此前已经过原中国银监会审批并等待上市交易，但在发行前被中国人民银行叫停，后又经中国人民银行审批完成发行。整个被叫停的过程同样存在上文所述监管机构之于金融机构的业务隐性化，如被叫停的程序以及被叫停的理由为中国人民银行尚不知情。中国人民银行迅速叫停该业务固然有其正当性理由，但也反映出资产证券化如何发展在监管层面的意见不统一，协调合作不到位。② 应当注意的是，从原中国银监会之前的审批到中国人民银行后来的叫停，这整个过程反映出当时金融监管协调机制的隐性化对部分金融创新的掣肘。

（二）行政处罚裁量基准隐性化

近年来，金融监管机构处罚金融违法行为的力度逐渐加大，随着罚款上限的提升，“天价罚单”纪录也被不断刷新。然而，与此相对应的处罚裁量基准缺失与原则化（制度的隐性化）也增加了处罚结果畸重或畸轻的隐患。金融监管机构依法对违法被监管主体进行处罚，其形式上属于行政处罚，而处罚结果依监管机构的裁量行为决定。所谓裁量行为，是指其要件内容并不受法律规范的严格拘束，承认行政机关一定裁量余地的行为。学理上依据法律规范的具体或原则化，大致将裁量行为分为羁束裁量行为与自由裁量行为。③ 自由裁量行为与羁束裁量行为并非对立关系，而是更多地体现了行政

① 廖凡：《竞争、冲突与协调——金融混业监管模式的选择》，载《北京大学学报（哲学社会科学版）》2008 年第 3 期。

② 肖韵：《中央金融监管冲突的法律规制研究——以资产证券化监管为分析样本》，载《西南民族大学学报（人文社会科学版）》2016 年第 8 期。

③ 杨建顺：《行政裁量的运作及其监督》，载《法学研究》2004 年第 1 期。

裁量规范化由浅入深的程度。同时，可以隐性化与显性化制度的分析方法来判断裁量基准的存在：如果监管部门依照规定对违法金融机构做出符合法定区间的罚款，那么在这个区间内寻找过罚相当的罚款数额的方法便是一种裁量基准，同时可以得出结论，金融违法行政处罚裁量基准至少是作为一种经验或技术存在的。结合上文，裁量行为二分结构与裁量基准现实存在的判断来看，分析金融行政处罚裁量规则隐性化可以从两个方面入手：一是裁量基准是否应当作为显性制度存在；二是在此之上裁量基准如何进一步规范化，即自由裁量之于羁束裁量的问题。

相较于违法层面对金融业务禁止与限制规则的隐性化，责任层面的裁量规则隐性化的首要问题是裁量基准的有无。因为即便认为金融监管机构是理性的，也无法因此判断其在缺乏裁量基准的条件下所做出的行政处罚是公正甚至合法有效的。这同时基于行政裁量基准的制度定位，即在性质上兼具“行政自制”和“规则之治”的双重品质，而二者所解决的正是行政裁量控权有效性和权力来源合法性问题。[①] 在实践层面，监管机构和立法机关有开始审视相应裁量基准制度必要性的趋势，但将条件化、具体化的裁量基准与行政处罚制度相衔接的实践还停留在地方一级。以 1999 年国务院颁布的《金融违法行为处罚办法》第 18 条《银行业监督管理法》（2006 修正）第 45 条、《商业银行法》（2015 修正）第 74 条以及 2020 年 10 月发布的《商业银行法（修改建议稿）》第 106 条规定为例，虽然制度效力层级有所差异且发布时间跨度较大，但其中处罚规定却在罚款数额区间外高度类似，即“从事违法业务—违法所得计算—确定罚款区间”内容及结构，而与此相对的同区间违法程度划分等其他责任计算规则尚未随之公开。无独有偶，在程序制定方面，2020 年 8 月施行的《中国银保监会行政处罚办法》也仅在第 52 条审议的规定中提出了审议内容包括责任认定是否适当、量罚依据是否正确、处罚种类与幅度是否适当的原则性规定，且因此新规施行而废止的 2015 年《中国银监会行政处罚办法》及 2017 年《中国保险监督管理委员会行政处罚程序规定》在行政处罚裁量问题上也仅存在以上原则性规定。然而，金融违法行政处罚

---

① 周佑勇：《行政裁量基准研究》，中国人民大学出版社 2015 年版，第 30 页。

裁量基准也存在呼声与实践，2020年5月，中国人民银行会同财政部、中国银保监会、中国证监会、国家外汇管理局研究制定了《关于加强金融违法行为行政处罚的意见》，其中认为“实践中，部分金融违法行为数额巨大、情节严重，但扣除成本后计算的违法所得却较少，导致处罚金额与违法行为严重程度不相匹配，应当进一步明确违法所得计算标准”。此外，多地方也公布了规范金融行政处罚基准的规定，如河北省地方金融监督管理局发布的《河北省地方金融监督管理局规范地方金融行政处罚裁量权试行规定》第26条便规定“省级地方金融监管机构每年对行政裁量基准制度进行一次评估，经评估需要修订的，及时进行修订”。同时，在与之对应的《河北省地方金融监督管理局行政处罚自由裁量权基准》中依据违法程度对多类金融违法行为制定了相对细化的裁量标准。此外，山东省地方金融监督管理局发布的《山东省地方金融监管系统行政处罚自由裁量基准》中着重区分了各类金融违法行为的不同违法情节，制定了相应的处罚裁量标准。而在广东省地方金融监督管理局发布的《广东省地方金融监督管理局行政处罚自由裁量权适用规则（试行）》中，直接规定了相对具体的罚款幅度计算公式。虽然受制于效力层级，但以上制度可以体现金融违法行政处罚制度化的动态发展，也从技术方面为制度隐性化产生的裁量难题提供了解决思路。

相对于裁量基准隐性化现实与显性化实践，裁量合理化问题是裁量制度隐性化问题的深层次问题。因为相对于准确判断违法行为，行政处罚裁量中的技术化和经验化更加明显。可以说，技术即适用法律和规制裁量的技术，是裁量基准的灵魂，而技术的合理度和科学性则构成评判裁量基准优劣的核心标准。这样的技术在我国实践中体现在两方面：情节的细化和效果的格化①。可以说，金融违法行政处罚裁量基准问题，在一点上同其他行政处罚相同，即裁量基准的技术化与裁量结果的合理化正相关。对于细化法律的功能，也可能在裁量基准制度实践中产生的难题，即实质上演变为规则的细化或量化而“消

① 此种观点认为，行政裁量就是行政机关在对法律要件做出判断补充后对法律效果做出适当选择，符合公式“裁量＝要件判断＋效果选择”，且我国行政裁量基准同时扮演了细化法律效果的“裁量标准”和解释法律要件的“解释标准”双重角色。参见周佑勇：《裁量基准的技术构造》，载《中外法学》2014年第5期。

灭”裁量，而且这样的目标只能由立法者实现。① 而前文所述的地方金融监管系统发布的裁量基准文件便反映出该难题。同时也应当看到，地方实践中对于情节的细化是符合行政裁量细化法律功能的。对于解释法律要件功能，理论与实践中存在诸多模式，如经验评估模式、寻找基础值模式以及数学模式。② 就现实而言，我国金融违法行政违法裁量基准绝大多数采用的是经验评估模式，即具有隐性化的模式。需要注意的是，随着我国金融违法处罚力度不断增强，这样的模式便愈发难以保障裁量的合理化。

二、行政监管规则隐性化的成因

通过上文论述可知，在众多方面，行政监管规则隐性化向显性化的转变是必要的，而转变的过程即制度供给仍须符合现实需要。如果认为隐性化制度是制度化的一种表现形式，其相对于显性化制度或法制而存在，那么从其产生的背景和制定这一制度的主体入手，便可以对其隐性化的成因进行反思，同时进行制度显性化可能性的思考。金融监管作为一类行政行为，其所产生和运行的背景是金融市场，且金融市场这一背景无论是从横向还是纵向来看都是变化的。就主体而言，无论是金融业务监管隐性化还是行政处罚基准隐性化，金融监管实施的主体均为金融监管机构，且其思维方式指导下的行为模式是金融监管的隐性化制度的最基本表现形式，这正是监管规则隐性化的根本原因。

（一）金融市场处于变革过程中

金融市场的变革本身不足以解释隐性化制度的形成。然而，金融市场的部分变革和趋势促使监管机构一方面难以适用现有制度或选择性适用原则性制度，另一方面在监管难度提升时不得不考虑行政行为效率，由此便可能产生隐性化制度。故对于金融市场变革的外部特点应当进行分解。

第一，金融科技创新的发展对金融监管的挑战是无须争议的。在金融与科技的融合过程中，科技相对于金融存在两种身份：一种是由科技驱动，为

① 王锡锌：《自由裁量权基准：技术的创新还是误用》，载《法学研究》2008 年第 5 期。

② 周佑勇：《裁量基准的技术构造》，载《中外法学》2014 年第 5 期。

金融创新提供动力；另一种是服务于金融的科技手段。信息的获取便利也是金融创新的另一方面，金融机构主体也正是凭借较为充分的信息、较娴熟的金融创新技术总是能够走在金融监管的前面，有效地实施“资本套利”与“制度套利”过程。[①] 然而信息不对称、金融科技脆弱性等原因，也将催生传统金融风险、新型技术风险以及系统性风险。[②] 以中国银行“原油宝”事件为例。原油宝作为一种结构性金融衍生品，且面向众多个人客户，属于科技服务的金融创新产品。“而依据相关监管文件，目前我国并不允许个人投资者投资境外衍生品市场，对于该种产品而言，其是否符合监管要求，是否涉嫌为了规避个人投资者直接投资境外证券市场和衍生品市场的监管限制而开发的面向个人投资者的金融创新工具，需要更多的信息才能判定其合规性及产品创新的目的”。[③] 在原油宝事件中，由信息不对称造成的披露问题，是监管未能尽早介入以防范风险发生的重要原因。面对金融市场发展中的各类金融科技创新，一方面，监管科技与立法技术必然出现滞后效应；另一方面，即使贸然公布监管规则或进行立法活动，如果重复修改规则，则有破坏法律或制度稳定性的风险，且对于整个金融市场也具有负外部性。不仅如此，监管机构还承担防范金融系统性风险、保障金融消费者权益等职责。此时，对于规则制定方而言，监管科技差距与由此产生的信息不对称则只能以原则化的制度进行概括限制。

第二，金融业对外开放也对金融监管产生巨大冲击。金融业对外开放是推动金融混业经营的重要动力，即国内金融机构只有同样从事相应混业经营业务，才能取得足够的与国外金融机构竞争的空间。这既是深化金融开放选择的体现，也是当前我国金融机构普遍面临的问题，即国际拓展能力弱，同时在国内市场也面临政策性职能、竞争未完全开放、公司治理等问题。[④] 由

---

① 李泽广、王刚：《金融创新与金融监管的结构性错配问题研究——理论逻辑与经验证据》，载《上海财经大学学报（哲学社会科学版）》2014 年第 4 期。

② 张凯：《金融科技：风险衍生、监管挑战与治理路径》，载《西南金融》2021 年第 3 期。

③ 部慧、陆凤彬、魏云捷：《“原油宝”穿仓谁之过？我国商业银行产品创新的教训与反思》，载《管理评论》2020 年第 9 期。

④ 盛松成、张承惠、彭文生等：《中国金融开放的形势研判与风险预警讨论》，载《国际经济评论》2020 年第 6 期。

此便产生了安全与开放或发展的两难问题。然而，对于金融开放的制约，也需要依靠金融监管，金融开放的成败在很大程度上取决于金融监管能力的高低。[①] 而金融监管机构既应当对一部分金融混业业务审批核准，又不得不将监管的重心放在风险与安全上，故在此种条件下，采用原则性甚至是临时性的监管措施又符合金融安全的考量。不仅如此，金融开放是依金融全球化趋势而发展的，而金融全球化又与金融风险伴生，其中金融资本的相互渗透、金融风险的扩散传递使得国际金融业更加不稳定，无论是金融体系还是金融机构都越加脆弱，这些都将是金融监管所必须面对的挑战，也是改善金融监管规则隐性化需要克服的深层障碍。

（二）金融市场的业务复杂

如果金融市场变革的外部特点是历史性的、时代化的，那么金融市场业务趋于复杂则是相对客观的、市场规律化的。二者对金融监管制度隐性化的催动作用有所重合，在金融机构主体与监管机构的关系上，是一个问题的两个方面。金融机构主体基于商业目的跨业经营，不但扩大自身经营范围和规模的基础，而且利用制度障碍实现监管套利，即便不对监管套利进行合法性判断，其行为也因存在风险而应当被限制。以“影子银行”[②] 为例，2009年，中国规模较大的影子银行是银信合作，而原中国银监会连续三年对银信合作业务颁布禁止性规范和要求，从表面上看似起到了抑制银信理财产品过度膨胀的势头，但实际效果不佳，凸显了监管制止与监管套利之间的张力。[③] 在制度障碍与监管套利这一因果关系中，监管机构既需要克服制度空白或失效等难题，有负担保障安全防范风险的职责，又会激发产生“随意性”监管。除此之外，监管空白也是监管套利的重要条件，特别是在分业经营、分业监管的体制下，即使金融功能相同的金融业务，也可能因分属于不同金融

---

① 周宇：“中国金融开放的三个阶段：从局部开放走向全面开放”，载《世界经济研究》2021年第2期。

② 影子银行，是指游离于银行监督体系之外，可能引发系统性风险和监管套利等问题的信用中介体系（包括各类相关机构和业务活动）。

③ 鲁篱、潘静：《中国影子银行的监管套利与法律规制研究》，载《社会科学》2014年第2期。

机构经营而产生事实上的监管标准差异。[①] 近年来，我国一些金融集团的形成和非金融企业投资控股金融机构，且于2020年11月施行的《金融控股公司监督管理试行办法》，便侧面印证了这一点。故解决因监管机构随意性监管损害金融机构主体利益、保障金融市场发展，制度化仍是关键。

（三）监管路径的行政依赖

我国的金融监管机构本质上是行政机关，其在制定监管规范与行政监管过程中自然呈现行政化趋势，故监管路径行政化实际呈现出的是一种选择上的惯性。金融监管也应当是立体的，但相对于行政监管，行业监管则显得过于孱弱。在“国家—社会中间层—市场”的框架中，行业协会作为社会中间人具有促进国家与市场或者机构进行良性互动，弥补二者间“缺位”和“越位”的功能。[②] 其也正是监管机构在忽视市场规律做出决策或缺乏市场信息而难以监管时的重要主体。然而，虽然我国定位于自律的各类金融行业协会已经很多，但有效的自律活动难以开展，金融市场的自律秩序难以形成，这属于监管公权化下的一种非理性，因为在信息获取、减少套利空间、监管范围方面行业协会具有政府监管不可比拟之优势。[③] 而缺乏行业自律的劣势也是明显的，监管机构成为能对金融机构进行主动监管的唯一主体。从监管数量来说，所有的许可、审查以及处罚都由监管机构负责，产生了巨大的监管资源需求；从监管质量来看，因为监管机构是第一且最后的监管者，所以其制定的监管措施通常是难以改变且缺乏弹性的。

在行政监管内部，是否符合效率价值与公平价值相平衡，是制度隐性化转变为现实问题的重要原因。从制度供给来看，金融监管行政化是导致我国金融制度供给过剩的重要原因，即金融监管机构实质上是具有政治级别的政府部门，故难免基于政治审慎而非专业激励做出监管决策。[④] 其实该分析角

---

① 丁邦开、周仲飞主编：《金融监管学原理》，北京大学出版社2004年版，第209页。

② 王全兴、管斌：《经济法学研究框架初探》，载《中国法学》2001年第6期。

③ 曹兴权：《金融行业协会自律的政策定位与制度因应——基于金融中心建设的考量》，载《法学》2016年第10期。

④ 李成、刘相友、刘毅：《基于供求理论的金融监管强度边界及制度均衡解析》，载《当代经济科学》2009年第6期。

度同样适用于金融监管政策隐性化，即非理性决策下的行政行为同样易于导致监管机构在限制、叫停金融业务或行政处罚时过于重视防范风险而忽视金融机构的主体利益，这样的监管在内容上可能是“过量”的。从监管程序来看，如果认为行政裁量是行政监管的一部分，那么实践中广泛的缺乏行政裁量基准，难以保障监管机构在金融机构主体违法范围内使其承担责任，此时便存在监管机构滥用行政裁量的可能性。此外，金融整治也是我国金融监管中的常见现象，其难以被一种行政行为概括描述，其过程中不仅仅有常见的行政处罚，实质上是创制规则的过程。从合理性来说，金融整治既能对金融违法产生威慑作用，也能克服部分金融监管规则的滞后性。① 然而，金融整治作为一种高度行政化的监管手段，在处理安全或是效率与公平价值过程中是失衡的。对于从事相应业务的主体，金融整治未必能使其在违法范围内承担责任，且这样的行政行为多数针对特定群体，难以实现对行业总体风险的管控。

金融司法与金融监管虽然分别从事于行政与司法的分工，但在防范金融风险、保障金融市场安全方面存在共同的目的。当二者所管辖的事件重合时，必然会产生权力上的相互作用。在“强监管”理念下保障金融司法空间，可以保障行政监管路径合理化。对此，一种观点认为，虽然金融司法与金融监管本质上都是公权力的运行过程，但金融司法实际出现了审判理念监管化和法律适用大量监管规则的难题，同时穿透式监管与审查最终难以符合意思自治原则。② 另一种观点认为，金融监管规则在处理金融纠纷和化解金融风险时具有优势，且民商法规则难以适用于现代金融的困境，而在金融监管与金融司法的关系上应当追求二者加强沟通、协同治理金融市场。③ 但无论是权力的相互作用还是共同合作，对金融监管而言，应当以限制行政思维惯性为前提，避免因滥用规则而损害其公平价值。

---

① 冯辉：《金融整治的法律治理——以“P2P 网贷风险专项整治”为例》，载《法学》2020 年第 12 期。

② 周荃：《金融领域中监管与司法的博弈与融合》，载《法律适用》2020 年第 8 期。

③ 鲁篱、陈阳：《论我国金融监管“试验性规制”的路径与机制》，载《社会科学研究》2021 年第 1 期。

（四）法治思维缺位

2020年12月17日，中共中央印发了《法治社会建设实施纲要（2020—2025年）》，其中再次强调了要注重对法治理念、法治思维的培养。自改革开放后，我国的法治建设理论和实践不断深化，早已突破了一味追求立法的思想，而是通过立法、执法、司法、守法等诸多方面，立体地对法治建设提出要求。然而，相对于监管行为上的“法制化”，监管思维上的“法治化”显然是更为抽象的因素，其难以在现实中具象化，更是一种辩证的思维方式。一方面，法治思维引导监管机构进行一系列行政行为，处于至关重要的地位；另一方面，法治思维又是一种修养，监管机构和监管人员只能从不断的学习和实践中得以提升。

就认识的维度而言，法治思维属于人的思维形式的范畴，申言之，它是一种理性、正当性思维，是一种系统思维。但同时法治思维与我们过去所提及的法律思维是不同的，法律思维内在包含了法律关系思维、权利义务思维、正当程序思维等子项目。但法治思维相对于法律思维来说更有系统性，它不仅涵盖法律思想的内在属性，还包括立法、执法、司法、普法过程中所体现出的规则治理思维。[①] 故法治思维可以对行政行为进行评价。法治思维虽然抽象，但并非没有标准，并可以通过一系列行为对其进行拆解分析。如果认为相对于一般社会生活所需的初阶法治思维，存在适用于治理国家的高阶法治思维，那么其中可以包括：规范—逻辑思维；系统—协调思维；实践—动态思维。[②] 其中，“规范—逻辑思维”要求行政行为于法有据，同时所遵循的制度在某一阶段是连贯的，将主体纳入制度的判断下。对于监管机构而言，其采取的监管措施应当有法律依据，解释制度和法律也应该遵循适当的范围，更不能直接违背具体法律规定。此外，“系统—协调思维”要求行政行为考虑外部系统性，协调各种因素。监管机构在通过监管措施管理金融主体相关业务时，如果局限于分析部分主体和部分业务的违法性或风险，而不能将措

① 江必新：《法治思维——社会转型时期治国理政的应然向度》，载《法学评论》2013年第5期。

② 谢晖：《论法治思维与国家治理》，载《东方法学》2021年第2期。

施放之于整个行业甚至于整个金融市场，对措施的影响进行系统的分析，那么监管目的将难以实现。“实践—动态思维”的一项基本要求是法律或制度是可预期的，实践中监管机关的部分业务监管行为和行政处罚行为的法律依据过于抽象且效率层级过低，难以为金融主体机构所预见，实际上增加了相应主体的合规风险与合规成本。[①] 而以上缺乏法治思维的具体行为，其实也是造成行政监管隐性化的原因，故制度的显性化过程，不仅存在于行为模式，更存在于思维模式中。

第二节　金融监管法律的失灵

在“市场—政府”的经济法主体二元结构中，存在着市场失灵与政府失灵两种现象。然而，作为调整二者关系、规范二者行为的法律同样存在实质上的失灵。区别于法律缺陷，法律失灵是指现有法律在动态的适用过程中发生的作用偏差和不合理现象。[②] 如果认为法律缺陷是制度本身的缺失或存在法律逻辑悖论，那么法律失灵是法律在实际适用过程中所暴露出的不足和困境。同时，法律实施产生法律效果，法律效果是指法律通过实施而实现自己的社会目的、价值或社会功能及其程度。[③] 如果用法律效果评价法律失灵，则为法律在实施过程中由于部分原因产生了偏离预设目的法律效果。而其中的原因可能是主观的，如立法思维和制度需要存在偏差、行为规范与社会心理相冲突；也可能是客观的，如立法技术的落后、调整对象自身的变化。抽象地说，法律失灵的产生是现实社会中的主观因素与客观因素共同产生的。基于这种立法活动、法律运行与社会现实的不对称，可以得出这样的结论：法律失灵是客观存在的。

对于金融监管法律而言，判断其失灵首先应当从效力层级入手厘清其范

---

① 法治思维在理论层面存在多种观点与解释，本章尝试利用其中一种框架对监管机构行使职权过程中所需要的法治思维进行解读。

② 芮卫东：《法律失灵：一个客观的法律现象》，载《华东政法学院学报》2003 年第 1 期。

③ 张骐：《法律实施的概念、评价标准及影响因素分析》，载《法律科学》1999 年第 1 期。

围。如果认为金融监管法律是狭义的法律，那么我国现今的金融监管法律体系包含《中国人民银行法》《商业银行法》《保险法》《证券法》《信托法》《银行业监督管理法》。而在实践中充斥着大量的部门规章、规范性文件以及各种形式的行政文件用以调整法律实施，便足以说明法律失灵的存在。不仅如此，独立开展金融监管工作的国务院金融稳定发展委员会的职责定位、组织架构和工作机制等在法律层面也没有同步明确，没有考虑相关法律的修订与“一委一行两会”的衔接①，也同样说明了这一点。如果认为金融监管法律是广义的法律，包括一系列部门规章等法律外实际产生法律效果的文件，首先会使金融监管法律的范围过大，其中必然存在强烈的规则冲突，在实施过程中难以兼顾整个法律体系。由此，无论对国内金融监管法律的范围扩大还是限缩，都可以得出其至少出现过实质上的法律失灵，而分析金融监管法失灵的具体表现和成因，是完善金融监管法治，使其重新为金融市场发展提供动能的关键。

一、金融监管法律缺乏市场适应性

（一）缺乏市场适应性表现

无论是防范风险、保障安全还是培育市场，金融监管法中法的价值与需要通过金融市场来实现，其所规范的关系与行为也应当符合金融市场现实存在，因此，其中所表现的诸多与金融市场现实存在与发展规律所不符的规定，是产生金融监管法律失灵的主要原因，也是金融市场法治化的阻碍。同时，缺乏市场适应性很难直观地描述，其是由一系列特征共同组成的。

第一，金融监管法律存在滞后性。这里的滞后性存在于两方面。其一，滞后性是法律的固有属性，因为法律所规范的社会关系和行为都是动态发展的，不能苛求法律预知其产生，而原则性制度则具有在出现难以为具体法律规定所调整的问题时的制度适用难题。同时，这样的法律缺失也可以通过法律的修改和新法的颁布予以解决。其二，金融监管法的自身属性导致其应当

① 张斯琪：《“一委一行两会”格局下中国金融监管协调框架探析》，载《中国行政管理》2020年第3期。

克服部分滞后性，或具有一定行业前瞻性。理由有三。①即便是金融监管法，也存在于金融法体系内，而金融法的价值与功能除了防范风险、维护秩序等消极性被动一面，还有培育市场等积极性主动的一面，这便要求在金融监管制度供给中认识、服务经济发展趋势。如依据法律赋能理论[①]，金融监管法同样有保障大众投资者通过金融市场获取经济发展福利、参与分配的功能，而不至于使金融完全沦为“富人的游戏”，即便这种趋势并非直接危害金融安全。②金融市场风险传递迅速，如果完全依靠事中、事后的监管，将难以真正防范金融风险，甚至是系统性金融危机，而事前的预防多数需要依靠市场发展规则与市场伦理。③金融主体基于商业目的，习惯于利用监管空白实现套利，尽可能少的制度疏漏可以在立法过程中有效限制监管套利的行为。故对于金融监管法律，如果完全以滞后性之固有属性来解释其失灵的合理性，则可能产生实质上的金融监管制度缺位，进而引发金融功能异化[②]。

第二，金融监管法律缺乏持续性。除了需要及时有效的监管措施纠正危害市场安全的行为，金融市场与制度稳定是共生的，而稳定的制度即具有持续性。任何一项制度都需要相对的持续性，这样才能为社会和民众所熟悉和遵循，形成制度公信力。[③] 金融监管法律主体之间已存在实质上的不平等，这样的关系本身即敏感的，对于稳定性的要求更高。且法律作为制度的最正式表现形式，固然须具有持续性。而实践中持续性缺乏也存在多种表现形式，如制度的有效期限过短。我国广义上的金融监管法律失效或被修订的制度占制度总比过高，这同时体现了我国金融制度供给随意性强。[④] 此外，基于金融市场的敏感和金融机构的脆弱性，如果监管制度更替是难以预测的，同样会提高金融主体的不必要合规成本，甚至于刺激风险产生。由上文所述，持续性也是法治化的重要要求，长此以往地忽视立法的稳定性，极易丧失法律

---

① 法律赋能的逻辑是充分尊重和认可并且主张提高弱势主体实现自身权利的能力，不仅确认弱势主体的权利，还强调通过法律构建一种提升能力、保障权益和促进发展的机制，而不是一味地依靠法律简单地进行直接干预。参见冯果、袁康：《从法律赋能到金融公平——收入分配调整与市场深化下金融法的新进路》，载《法学评论》2012 年第 4 期。

② 徐孟洲、杨晖：《金融功能异化的金融法矫治》，载《法学家》2010 年第 5 期。

③ 蓝寿荣：《论金融法的市场适应性》，载《政法论丛》2017 年第 5 期。

④ 王煜宇：《我国金融监管制度供给过剩的法经济学分析》，载《现代法学》2014 年第 5 期。

的权威性，即便制度逐步合理化也会难以实施，形成法律失灵。

（二）缺乏市场适应性成因

经济利益是金融市场的关注焦点。然而通过观察我国的金融监管制度发展历程，不难发现，我国金融监管制度所立足的重点始终为安全。无论是金融市场还是金融监管，我国的起步都晚于世界其他金融市场较发达的国家，从行业成熟程度和监管技术、资源来看，我国需要相对安全的环境。此外，我国的金融开放程度还不断加深，金融创新不断向监管发出挑战。从以上情况来看，保障金融安全是金融监管的最主要工作目标。然而，在绝对的安全保障之外，市场规律应当被充分考虑，以现行的金融监管法律来看，还远不必要在市场安全和经济效益中进行选择，有足够大的制度供给空间同时满足二者。这样的反思也与监管法治化相契合，以巨大的市场发展为代价保障安全在一定程度上使金融安全失去了意义。

而监管法律缺乏市场适应性，凸显出三方面原因。其一，监管行政化对立法活动的反作用。虽然自改革开放后我国的金融市场已有30多年历史，但不可否认在我国金融监管中还是存在一部分计划经济思维，即由政府代替市场做出资源配置决定。同时，我国金融监管制度中充斥着大量的政府文件，如果认为其为金融监管法律，那么监管机构作为执行者的同时，也实际上担任着立法者的角色。此时，便很难在制度供给过程中完全贯彻市场机制保障思维。其二，立法资源分配的限制。由于我国金融监管深度不足、监管技术相对落后、对于金融市场发展的监测易出现偏差，所以难以带动金融监管立法技术进步。在此局限下，即使制定了详细的金融监管法律，在实践中也往往会成为烦琐的程序，反而降低监管效率。其三，在经验主义下，金融监管立法活动往往深刻反映了监管机构的行政监管措施，而在这一过程中监管机构与金融主体是管理者与被管理者的关系，金融监管立法一方很难从被监管者或市场的角度全面地分析，且所制定的法律往往是缺乏弹性的，产生了较大合规成本。

二、金融监管法律碎片化现象

相对于缺乏市场适应性，法律碎片化更能体现我国金融监管法律的表象特征。碎片化是相对于一个完整的法律体系的期待而言的，如果金融主体在从事业务，尤其是从事较为灵活的金融混业经营时，既要面临来自法律条文中的原则性规定约束，又要面临来自多个监管机构公布的具体性规定，那么不但可能陷入畏首畏尾难以开展业务的困境，甚至可能利用监管冲突或监管空白进行套利，显然两种选择都不是金融市场良性发展所需要的。整体地认识金融监管法律碎片化，不仅应当考虑到这种现象是我国现阶段金融监管立法思维的产物，也应当考虑到这种现象长时间伴随我国金融市场发展，相对于我国金融市场，甚至是金融市场一般发展规律，有其存在的合理性。而碎片化背后的制度选择过度甚至异化，与金融监管法律失灵有直接联系。

（一）金融监管法律碎片化的表现

金融监管法体系的碎片化，即存在于整个体系内部的各种规范和制度之间并没有形成一种结构上的有机联系，而是互相冲突，彼此矛盾，就像是堆积在一起的“玻璃碎片”①。这种结构的弊端可以拆分成一个问题的两个方面。其一，由分业监管基础产生的制度意义上的监管真空。例如受托理财服务，在《关于规范金融机构资产管理业务的指导意见》实施前，我国的金融监管机构对不同理财产品的监管呈现出一种“弥散”的状态，不同的金融理财产品分别适用相应监管机构“各自表述”的规则，而对于民间机构和个人则因缺少监管主体，进而造成监管模式失灵②。在金融混业加剧、金融业务复杂化的趋势下，由分业监管产生的监管真空更难以为监管机构所洞察，而对其认知并制定、修改规定更是一个漫长的过程。其二，由碎片化导致金融监管法律缺乏整体协调性，规定之间相互冲突。

从学理上，一国的法律体系应该是一个体系化的相互联系的有机整体，法律部门内部也要形成基本法律和与之相配套的一系列法规、实施细则组成的严密体系。③ 这样的协调缺失广泛存在于金融监管机制之中。

---

① 李慈强：《碎片化与失灵：金融监管法的困境及其出路》，载《财经理论与实践》2015 年第 3 期。

② 黄韬：《我国金融市场从“机构监管”到“功能监管”的法律路径——以金融理财产品监管规则的改进为中心》，载《法学》2011 年第 7 期。

③ 黎四奇：《对我国银行监管法律体系的评析与思考》，载《法律科学》2004 年第 6 期。

第一，不同部门的监管分工缺乏协调机制，即便在“一委一行两会”结构中，中央部门也因机制缺失存在固有协调障碍，且地方金融监管机构也存在监管权责不协调、监管与发展关系不协调。①

第二，具体的制度内容上多因协同性缺失而呈现相互割裂状态。如为执行混业“但书”而制定的规范，一方面，不同金融部门法各自概括授权的协同性缺失，使竞相割据分野的金融监管部门基本上仅依据自己所监管领域的上位法来制定混业经营规范，由此导致混业经营规范内容的“横向割裂”；另一方面，也存在“纵向撕裂”，其表现为原“一行三会”所制定的混业经营规范经常与上位法规定相背离，甚至还夹杂着“违法”②。

第三，我国央地金融监管机构存在直接领导的关系，地方金融监管也因法律碎片化存在缺乏法律依据的困境。“一行两会”中央监管机构依法实施监管具有一定的法律依据，但目前尚未由法律法规对地方的金融管理职责进行明确界定。中央仅通过行政法规、部门规章和规范性文件授权地方政府监管权限、法律位阶较低，使得地方金融监管机构在实践中监管权力受限，监管力度不足，并体现出：①上位法缺失导致监管权力来源不明确，已施行或通过的地方金融监管相关条例有效性存疑；②地方金融监管机构职责范围内的“7+4”类金融机构缺乏行业母法，影响了地方金融监管的实施效力。③而无论是中央监管机构间、央地监管机构间所现实存在的协调机制缺失，都足以产生风险的堆集，甚至于产生金融危机。

（二）金融监管法律碎片化的成因

从金融监管法律碎片化的表现来看，几乎所有的矛头都指向了分业监管。但即使在金融市场混业迅速发展的条件下，从分业监管到混业监管的进程依然有其规律可循。值得注意的是，即使从混业监管的角度分析这一问题，得出的成因也并非排他的，即无论从金融监管立法活动还是金融监管法律来看，

---

① 张斯琪：《“一委一行两会”格局下中国金融监管协调框架探析》，载《中国行政管理》2020年第3期。

② 刘志伟：《金融法中混业“但书”规定之反思》，载《法学研究》2019年第6期。

③ 吴曼华、田秀娟：《中国地方金融监管的现实困境、深层原因与政策建议》，载《现代经济探讨》2020年第10期。

都存在着不足之处。

第一，碎片化制度的形成也是“法条主义”思维下产生的，然而不断地制定和修改烦琐的法律并不能确保法律的真正权威和良好运行。[①] 与这种思维并生的是一种“先改革后立法”的导向，这种立法导向强调法律制度是改革实践经验的总结，实践经验是法律制度的基础。[②] 如果监管机构未周全甚至不考虑制度协同，而直接依据本机构监管经验及机构需要制订立法计划，那便很容易加剧制度碎片化，在逻辑上其对于制度整体性的破坏和由此产生的法律失灵甚至可能大于其制度供给所产生的效益。

第二，立法目的的实际缺位也是导致碎片化的原因。我国的金融监管立法目的条款普遍存在概括性强、行业建设色彩浓重、目标单一且理念滞后等问题。[③] 在分业监管的语境下，如果金融监管法律中的立法目的不足以引导实际的立法工作，那么极易使得立法行为监管化演变为解决相应机构“眼前问题”的工具。在此趋势下，碎片化的制度相对于金融监管法律体系便如同许多不结实的“补丁”，无论从法律体系的完整来看还是从法律运行的协调来看都难以实现立法的预期效果。立法目的的缺位同样值得引起金融监管法律乃至于金融法的实用主义反思，即法的制定和实施受社会存在限制，而非仅受社会现象限制，而对规律的发现和遵循便是立法目的深化并引导立法工作的重要因素。

既然法律失灵是客观存在的，其形成的原因同样也存在客观方面，如果仅以行为目的分析法律碎片化的产生，很有可能形成对制度供给一方的苛求，也难以克服法律失灵。国际法学者莱曼认为法律碎片化的原因，存在一个被“金融困境和监管竞争封装的事实”，即不确定性，这样的不确定性不仅来源于对于金融稳定成因的不确定，也包含主管人员能力的不确定，“执行复杂的金融监管需要专业知识、技能和悟性。假设这种技术存在于所有监管机构

① 李慈强：《碎片化与失灵：金融监管法的困境及其出路》，载《财经理论与实践》2015 年第 3 期。

② 王俊豪、胡飞、冉洁：《中国特色政府监管立法导向与法律制度体系》，载《浙江社会科学》2021 年第 1 期。

③ 贺小丽：《我国金融监管法立法目的条款的问题及完善》，载《甘肃社会科学》2016 年第 5 期。

中将是天真的”。同时，金融市场具有高度的创新性和波动性，固定的解决方案难以适用，而且一个统一的方法并不能解决所有不确定性，统一的文本本身就会产生不同的解释。各个机关制定其对于具体问题的规则，其实是在面对种种不确定时保留政策空间。① 故金融监管法律碎片化产生，既是一种制度供给法治思维欠缺的表现，同时也是金融市场作用于金融监管的客观表现。

第三节 跨业风险防范的金融法治要求

法治与国家治理体系和治理能力有着内在的联系和外在的契合。法治是国家治理的基本方式。依法治国、依法执政、依法行政、严格执法和公正司法，决定了我国推进国家治理现代化本体上和路径上是推进国家治理法治化。② 2021 年 4 月 8 日，国务院金融稳定发展委员会召开第五十次会议，首次提出了“完善法治、增强活力”的会议要求。将法治与活力二者相结合，就是认识到了以往粗放式的制度供给和行政监管在保障市场安全时忽视了市场发展的巨大代价。现今，我国扩大内需与保障市场活力的现实意义更加凸显，而金融市场的发展是实现二者必不可少的因素。

推进经济和政治体制改革的要求，主要来自经济发展和社会管理的深刻矛盾，尤其是以“效率优先、兼顾公平”的经济社会发展模式已到了不得不改变的时代。而在化解愈演愈烈的社会矛盾问题上，一味强调“稳定压倒一切”，主要通过行政手段来“维稳”以达至社会和谐也难见成效。在可持续发展中实现经济社会协调发展的“包容性发展模式”是法治对于政府和市场关系上新的要求。③ 同时，对于我国现行的金融监管制度，无论是行政监管规则隐性化，还是金融监管法律失灵，都反映出一个现实矛盾，即行政化监

① Matthias Lehmann, *Legal Fragmentation, Extraterritoriality and Uncertainty in Global Financial Regulation*, 37 Oxford Journal of Legal Studies (2017).

② 张文显：《法治与国家治理现代化》，载《中国法学》2014 年第 4 期。

③ 袁达松：《走向包容性的法治国家建设》，载《中国法学》2013 年第 2 期。

管思维和金融市场发展状况的不匹配。同时，监管机构与金融市场也共同存在于监管者与被监管者这一对立统一的辩证矛盾关系中。之所以二者产生现实矛盾，内因是监管与被监管过程中产生的冲突，而解决这样的冲突，法治化是关键。另外，应当认识到监管机构与市场在多数情况下是监管与被监管的主动与被动关系，且金融监管法律本质上是对金融监管机构赋权的法律。由此，保障金融市场的法治化，应当推动金融监管法治化，而这既是立法问题，又是执法问题。同时，在现今“强监管”模式下，本质上是政府干预经济的法治化，故对此可以通过“干预程序—干预方法—干预范围—干预责任”的结构进行分析。①

一、监管程序法治化

作为一类行政行为，金融行政监管运行应当遵循程序法定原则，监管程序由相应的法律具体规定，这与我国行政法的现实存在与法律传统相符，②同时也与金融法律作为行业法而非传统意义上的“公法”与“私法”的定位相契合。通常情况下，就实践中的被管理者而言，其相对于实体公正对程序公正的呼声更加强烈。这种现象的成因是复杂的，但是难以排除程序性规则的缺失，同时这也是种法治化需求。而程序法定原则存在的必要性无论在理论界还是实务界都得到了认可，其中既涵盖了行政法律关系主体之间的公平性，又对公正性提出要求，其中包括行政相对一方行政过程的参与性、避免行政决定有偏见、保障行政相对一方的救济权利。③ 然而，狭义的金融监管法对行政监管的程序性规定却十分有限，现行《中国人民银行法》《商业银行法》仅对金融监管程序进行了原则性规定；《证券法》重点规范了信息披露，但总体上也缺乏金融监管程序性规定；《保险法》几乎未作规定。作为监管的专门性法律，《银行业监督管理法》虽然从监管机构职权职责出发对程序进行了较详细规定，但还是难以将金融监管准入、业务、处罚等方面的

① 李昌麒主编：《经济法学》，法律出版社 2016 年版，第 30 页。

② 《中华人民共和国行政处罚法》《中华人民共和国行政许可法》《中华人民共和国行政强制法》在法条构成上，均为“权义结构”加程序规则的模式，且均有“程序法定”条款。

③ 杨登峰：《行政程序法定原则的厘定与适用》，载《现代法学》2021 年第 1 期。

程序性规定囊括起来，具体的行政程序仍需要中央或地方机构自行制定，如《中国银保监会行政处罚办法》。而由行政机关自行制定程序，虽然在法律的实施上未必影响效果，但增加了程序设计不合理的风险。另外，金融监管的运行实际上需要援引一系列行政法律中的程序性规定，这样的做法是否符合金融监管法律体系完整性要求，应当进行反思。

金融监管中的裁量同样应当作为程序的一环加以规范。金融违法行政处罚的数额往往巨大，便产生了较大的裁量空间。从处罚的意义来看，较为宽松的裁量可能难以实现规范行为、惩戒违法的目的；较为严格的裁量可能会罚重于过、危害权利。从技术上解决这一问题，应当对裁量标准进行细化，这不仅是处罚区间的细化，而且是情节适用的细化。值得注意的是，裁量并不仅存在于处罚之中，还包括行政许可、行政复议。当然，这样的裁量优化，是在提升监管机构工作效率、内部运行机制之上的，重在法律原则性规定与行政规章之间的共同作用。同时，应当加强对于裁量经验、裁量技术的公开和解释，这可以提升监管公信力。总体上，行政权力自由裁量应当灵活行使，应“活而不乱”，要合规则性、合目的性。[①] 这样做既是监管措施合理化的必然要求，也是监管程序法治化的重要体现。

二、监管方法立体化

从国内外经验来看，政府干预市场经济的形式是多样的，且整个干预的体系也应当是立体的。同样，金融监管的方法也应当是先进的、符合市场需要的。然而这样的认识应当是在认识到监管技术与监管资源配置关系基础之上的。以信用风险分类监管为例，其通过企业主体的信用水平与合规动机来差异化地分配执法资源，理论上可以起到优化监管资源分配、有效辨识风险和提高监管效能的作用。然而，其对于信息获取、分类等监管技术的高要求将使其本土化运转面临掣肘。[②] 在此关系上，金融混业经营的复杂程度与监管技术需要远大于单纯的分业经营时期，因此，对监管的运用，应当将现有

① 邱本：《经济法专论》，法律出版社2015年版，第210页。

② 卢超：《事中事后监管的改革：理论、实践及反思》，载《中外法学》2020年第3期。

监管技术、监管资源水平纳入监管规则制定的考虑范围之内，因为其是监管制度可以运行并达到预期效果的重要条件。

然而，应当认识到金融创新对金融混业经营的附加作用，无论是混业经营业务的复杂化还是投资者的大众化，都必然会给监管技术带来新的挑战。以往“摸着石头过河”的立法思维应当被建立在科学的模型、完善的信息搜集以及深层市场规律上的监管思维所改善。同时，经过多年的金融监管创新实践，人们发现，能够减少金融监管领域失误的一种有效办法是允许进行监管试验。世界各国对此已经有所关注和行动，以美国、英国为代表的金融发达国家近年以来相继推出了“监管沙箱”“许可证豁免”“弹性监管”等一系列试验性金融监管立法，旨在给予金融监管更大的灵活性和可行性，进一步促进金融业的创新发展。① 故监管科技的提升应当是符合金融创新规律的。

除此之外，传统的关于监管的理解，核心是政府基于以制裁为后盾的法律规则所进行的“命令控制型”监管，但实践中，因为政府缺乏足够的信息来确认问题的成因，设计适当的解决方案，辨别违规并进行有效的执法，所以这种监管方式也招致某种程度上的失败。② 而在激发市场活力、引导被监管主体合规方面，激励型和协商合作型的监管是相对更具有弹性和可接受度的。实践中，相对于防范风险的监管方法，监管机关通常难以将监管方法同培育市场的目的相联系，如几部专门法赋予监管机构要求被监管对象提供信息，或监管机构以现场检查、谈话等方式获取信息的职权，而借助于金融知识的宣传、普及，以引导公众的行为，或者利用技术化手段改善公众对金融服务的取得等知识信息规则尚未进入金融法体系。③ 而法律赋能作为金融监管法律培育市场实体价值的需要，也应当纳入监管法治化期待。

三、监管范围准确化

由于权力需要相应的利益资源即权利作基础，所以权力部门应当拥有的

① 鲁篱、陈阳：《论我国金融监管“试验性规制”的路径与机制》，载《社会科学研究》2021年第1期。

② 马英娟：《监管的概念：国际视野与中国话语》，载《浙江学刊》2018年第4期。

③ 谢贵春、冯果：《信息赋能、信息防险与信息调控——信息视野下的金融法变革路径》，载《北方法学》2015年第6期。

权利便根据其权力（职能活动）恰当地予以界定和确认。其权力大小和范围以满足权力的正当职能活动需要为限，太少不足以支撑正当职能活动，影响办事效率；过多则造成浪费，滋生腐败，并侵犯了民众的应有权利。[①] 对于金融监管而言，监管范围可以抽象地解释为政府在金融市场中干预资源配置的范围，具体来说，监管范围指的是监管机关的职权和职责。监管范围太小无法防范金融风险，维护金融市场稳定；而监管范围过大则使市场机制无法运行，而且也可能产生权力寻租、监管俘获等现象。

在金融跨业不断深化的市场背景下，不同行业之间的业务合作与渗透更为密集，风险的传递速度也由此加快。对于金融监管机构而言，就应当既对不同金融个体进行行为监管，又对行业进行审慎监管。这样的监管模式必然会提升监管难度、引起监管资源缺乏，故应当对监管事由进行判断，对于可以由市场决定的，不能“抓着不放”。市场机制注定会产生风险，但金融市场走向成熟，应当具备承受风险、化解风险的能力，这也需要健全的市场退出机制。由此，符合法治化的监管范围应当是可能平衡政府与市场二者功能的。而对于我国仍然处于分业监管的现状，对于金融混业业务的监管应当加强监管机构间的协调分工，克服因分业监管而产生的监管竞争与监管真空，既要限制金融机构的套利行为，也要防止因重复监管所产生的不合理合规成本。在制度供给方面，应当考虑整个金融监管法律体系的完整性，不能做“规则工厂”，缺乏节制地向金融市场投放规则。同时，也要认识到金融市场在跨业不断深化中的脆弱性，注重制度供给时的可预测性。

如果认为金融市场失灵应当借助国家公权力进行干预，那么监管并非公权力的全部，即行政权应当与司法权共同作用。在这一意义上，金融范围准确的法治化要求突出体现在其与金融司法的合作与分工上。这存在两方面要求：其一，监管在法律范围内行使监管职权，尊重金融案件当事人通过司法途径维护权益的选择，配合而不干预法院独立行使司法权；其二，对进入司法程序的案件，同样应当承担维护防范金融风险、维护金融市场稳定的职责。

---

① 漆多俊：《转变中的法律：以经济法为中心视角》，法律出版社2007年版，第151页。

四、监管责任制度化

行政权力的行使会导致相应的后果。行政权力的后果是评判行政权力的重要尺度，不良或严重的行政权力后果是对行政权力的否定性评判，应加以约束。这种约束不能仅靠道德说教和纪律来约束，而应该主要靠法律约束和法律制裁。无论从存在金融监管法律赋权，赋权同时会设定义务，违反义务会产生第二性义务这样的法律伦理上来看，还是从实践中监管行政化广泛存在、行政程序透明度低、权力寻租和金融腐败切实存在而言，抑或是从政府的非理性角度看，金融监管问责机制都有存在的必要性。实际上，我国的制度实践中存在部分对于监管机构和监管人员的问责制度，如《中国银保监会行政处罚办法》第 96 条即规定了中国银保监会及派出机构违法实施行政处罚给当事人造成损害时的法律责任。此外，《银行业监督管理法》（2006 修正）第 43 条也对监管人员一系列违法行为法律责任进行了规定。结合相应制度衔接、一系列刑法责任以及党内法规，其实是可以初步认定上述制度缺乏足够的应用空间的。

对于行政机关而言，监督制度是与控权制度相连的，这本身是一个控权的逻辑。而对行政权的监督体系往往是立体的，其中包括社会监督、司法监督、行政机关内部监督以及党内监督。这说明我国的行政权监督制度构建本身是较为健全的，但是由此也产生了监管的透明度问题。其一，增强监管措施透明度，这是金融监管工作被充分认可，监管机构提升公信力的途径。其二，绝对的透明也未必是有益的，会产生对相对人隐私、商业隐私保护的困境，同时也会降低监管效率，甚至浪费监管资源。

除此之外，在相关制度设计层面仍存在几处难题：其一，如何认定一个金融监管措施是不合理以至于应当对其进行否定性评价的？其二，被问责的主体是采取监管措施的机构还是首长负责制中的机构负责人？其三，责任承担方式应如何选择？与责任制度设计问题相对的，监管制度同样存在两方面问题：其一，仅建立监管人员的问责制度的目的是限制违法行为，在如何使监管人员认真、负责行使职权问题上是消极的、被动的。而监管者的努力水平与政府制定的风险激励系数、监管者自身努力成本系数、市场风险成本紧密相关。因此应当建立监管激励机制，通过相应的激励方案来促使代理人能够付出完全的努力，并将问责惩罚机制纳入当前的金融监管绩效考核中①。其二，如果问责制度形成，则监管机构和监管人员在履行职责时常常担心可能被起诉而要承担侵权责任，其履行职责的质量和独立性就会大打折扣，监管责任豁免制度需要便由此产生。② 而这也是监管问责制度法治化亟待解决的。

① 江曙霞、郑亚伍：《金融监管治理的激励机制研究》，载《厦门大学学报（哲学社会科学版）》2012 年第 3 期。

② 周仲飞：《银行法研究》，上海财经大学出版社 2010 年版，第 81 页。

第三章

混业经营行为法律限制制度显性化的路径——立法模式研究

我国金融法规范体系在立法格局上，表现为“部门规章为主、法律规则为辅”的特征。金融立法层次不高、法律效率低、系统性差。[①] 在不同时期，我国金融法领域，存在多个监管部门对多种金融机构和金融产品进行的不同规范。

在混业经营监管方面，我国的金融法规范体系也体现出这一特点。从1995年前的无法律规制的原始混业状态，到1995年《商业银行法》《保险法》等金融基本法确立分业监管原则，再到2002—2003年《商业银行法》《保险法》等通过“但书”对金融混业禁止有限放开，直到2015年《商业银行法》《保险法》修正，我国金融法层面针对混业经营行为的法律条文依然寥寥可数。而我国金融机构从20世纪末开始大规模金融混业经营实践，初期是通过设立海外分支规避分业监管的，2001年以来则是在金融基本法松动的情况下，借由监管部门颁布的大量部门规范逐渐开展起来的。

2017年国务院金融稳定发展委员会建立，2018年中国银保监会成立，近年来《关于规范金融机构资产管理业务的指导意见》《商业银行理财业务监督管理办法》《金融控股公司监督管理试行办法》等涉及混业经营监管的规范也陆续出台，我国在监管机构、监管理念方面对混业经营活动的监管逐渐强化。

然而近年来增加的对混业经营活动的法律规范从性质上来说仍然是部门

① 朱大旗：《金融法》，中国人民大学出版社2005年版，第36页。

规范，其制定、实施甚至最后的执法过程主要依赖于各金融监管机构。形成这种规范和执法行政化、法律隐性化现象的原因主要有两个：一是因为我国金融领域改革一直以渐进式的改革方式进行，以减少对金融业的冲击，即先以行政规范试水，再改革法律。二是因为金融领域的特殊性。在金融领域中，由于技术性需求的驱动，导致指导、限制具体行为的法规规范层面的规范极其繁杂。实务法律工作者在追求合法合规时，只是严格对照监管部门的具体要求来确认自己的行为步骤即可，不会考虑这些行政规范是否与金融基本法一致，更不会思考这些行政规范是否符合金融基本法的价值。这导致“低级”的行政规范条文，在法律渊源的形式上略失体面，也带有更多的行政管制色彩。①

虽然金融混业经营活动提高了我国金融服务业的效率，并为消费者带来更多样、更便捷的金融服务，但混业经营可能产生的跨业风险却不能被忽视，因此必须限定金融混业经营活动的合理范围，减少高风险混业经营活动对金融业甚至整个社会经济的负面影响，从防范风险。而对混业经营活动的限制性规范应当逐渐从已经存在的多种部门行政规范层面提炼、升华，上升为法律规范层面的显性规则。一方面有利于增加混业经营监管整体规范的一致性，改善监管效果；另一方面可以减轻金融机构的合规成本，使金融机构的混业经营活动具有稳定的预期，避免“突击式”监管带来不确定性损害。

目前，我国金融监管体系逐渐发生了适应混业经营监管的积极变化，中国人民银行宏观审慎监管进一步强化，国务院金融稳定发展委员会的成立加强了监管机构之间的监管协调，银保监会的成立有效地适应了银行业、保险业的混业经营实践，以《金融控股公司监督管理试行办法》《关于规范金融机构资产管理业务的指导意见》为代表的多个金融混业经营监管规范颁布，《商业银行法》《中国人民银行法》的修订正在进行中。与此同时，实践中随着混业经营深化所形成的高风险业务、金融机构膨胀可能引发的系统性风险也逐渐引起人们的重视。在这种背景下，思考如何减少对部门规范、行政手段规制混业经营活动的路径依赖，而努力在更高的法律制度层面规范金融机

① 缪因知：《新兴法领域的社会科学运用：以金融法为中心》，载《思想战线》2020 年第 6 期。

构的不当混业经营活动正当其时。

第一节 国外典型的混业经营行为法律限制制度的立法模式

限制混业经营活动的目的主要是防范风险，保障金融安全乃至一国的经济安全。而混业经营行为限制性规范存在的前提是金融混业经营活动在实践中的开展，和金融混业经营活动在规范体系中的整体定位。因此，混业经营活动的限制性规范主要存在于混业经营活动的监管规范中。相关的国外立法主要采取以下三种模式，即“金融服务法 + 商业银行（保险、证券）法”模式、“金融控股公司法 + 商业银行（保险、证券）法”模式、“商业银行（保险、证券）法为主导”模式。这三种立法模式形成的原因既是各国金融发展历史和发展程度的差异化结果，更是各国的法治文化和法治传统不同的结果。

一、“金融服务法 + 商业银行（保险、证券）法”模式

20 世纪末经济自由化浪潮背景下，各国金融机构的混业经营业务发展迅速，为了规制金融混业经营活动，一些国家开始采取跨业态的金融立法模式以适应金融混业经营的监管。多国开始根据单一监管者的功能性监管模式来重新整理和改编原有的多部与金融市场、资本市场相关的法律，将传统银行、保险、证券、信托等金融投资业整合在一部法律中，即金融法制出现了从以往的纵向的金融行业规制到横向的金融商品规制的发展趋势。[①]

英国是采取“金融服务法 + 商业银行（保险、证券）法”模式的最典型的代表。在这种立法模式中，金融服务综合法通常在宏观层面确定金融机构可以从事混业经营业务的类型，以及禁止从事的事项，而具体的禁止规则由商业银行法、保险法、证券法等金融基本法细化规定。

① 杨东：《后金融危机时代金融统合法研究》，载《法学杂志》2010 年第 7 期。

1986 年之前，英国金融业具有典型的分业立法、自律监管特征。随着金融全球化趋势加强，金融业竞争加剧，混业经营盛行，分业立法且以自律为主的管理模式在执行过程中造成了监管的高成本和低效率，在很大程度上降低了英国金融业的竞争力。于是，制定一部适应且能促进金融市场发展、提高金融机构竞争力、改变传统管理模式的新法律成为英国金融市场的客观需求。1986 年“金融大爆炸”改革期间，英国颁布了对金融服务业进行整体监管的法律规范《金融市场法》，确立了混业经营在美国的合法性。20 世纪 90 年代，英国爆发了一连串影响国际金融秩序的重大金融事件，最终国会在 2000 年 6 月通过了《2000 年金融服务与市场法》，该法综合了英国相关金融立法，系统地规定了金融混业经营的受监管活动、禁止活动、授权和豁免、受监管活动的许可、市场滥用的处罚等内容。

《2000 年金融服务与市场法》确立了英国的金融监管基本框架，系统性地规定了金融机构许可和禁止从事的业务，成为英国金融的基本法，并随着英国金融业的发展不断被修正。2010 年，英国通过了《2010 年金融服务法》，加强了对高风险混业经营活动的限制和惩戒措施。2012 年，英国颁布了《2012 年金融服务法》，改革金融混业经营的监管体制。英国对混业经营法律限制规定是由《2012 年金融服务与市场法》和英国不同时期的金融基本法共同构成的。

德国也在 20 世纪末逐渐走向了对金融混业经营的综合监管道路。2002 年，德国联邦议院通过了金融业统一的《一体化金融服务监管法》，明确了德国混业经营的监管机构及职权。对银行、保险、证券的混业经营准入监管的具体规范体现在 1961 年德国颁布的《银行法》等金融基本法中。

韩国 1999 年根据《金融监督机构设置法》合并银行监督院、证券监督院、保险监督院和信用管理基金 4 家金融监管机构成立金融监督院，对银行、金融投资公司、证券金融公司、综合金融公司等十几种金融机构实施综合监管。2008 年韩国修订的《金融监督机构设置法》，将财政经济部的金融政策职能部门和金融监督委员会的监管政策职能部门合并组成金融委员会。金融委员会作为综合金融监管机构，具有涵盖了所有有关金融政策和金融监管政策方面的权力，有利于金融监管政策与金融政策相协调，互相增进政策效果。①

虽然德国、韩国的金融监管是综合化统一监管，但统一监管模式不代表统一监管立法。这些确立混业经营监管的规范多是从金融监管机构设置的角度对混业经营监管机构进行的规范，对混业经营业务的许可和禁止作出规定的实质规范不多。

二、“金融控股公司法＋商业银行（保险、证券）法”模式

混业经营的组织形式主要有金融控股公司和全能银行两种。金融控股公司在求得安全性、盈利性、流动性最佳组合的前提下，通过下属的控股子公司从事国际国内一切金融服务业务及与之相关的非金融领域的服务活动，即构建“金融超市”。从银行业及控股公司本身来看，这是一种混业经营方式。但从各个从属的子公司来看，这又是一种分业经营方式。由于金融控股公司在效率和安全之间的平衡设计，所以其逐渐成为各国混业经营的主要形式。②因此对金融混业经营中的许可和禁止性规定，大量出现在各国的金融控股公司规范中。

美国、日本、韩国、新加坡等国家采取了“金融控股公司法＋商业银行（保险、证券）法”相结合的模式。这种模式关注金融机构采用金融控股公司形式进行混业经营活动所产生的一系列法律问题，并以单独立法的方式系统地规定了金融控股公司的法律地位、允许从事的业务、监管机构、关联交易等问题。在这种模式下，金融控股公司相关法律往往确认了金融控股公司混业经营的监管主体、业务类型等主要内容，而金融基本法则从单一银行、保险、证券主体方面对相关规则进行补充。

美国虽然也存在1999年《金融服务现代化法》这一金融服务综合法，但其中大量对混业经营规范的法条是对《银行控股公司法》的修订，也就是说，美国对混业经营的许可是通过对已有金融控股公司法修订实现的。同时

---

① 翟舒毅：《韩国金融监管改革研究》，吉林大学2017年博士学位论文。

② 焦继军：《前金融混业经营趋势下中国金融业的现实选择》，载《江西社会科学》2001年第12期。

美国也存在美国保险监督官协会（NAIC）制定的《保险控股公司示范法》，并被大多数州所采纳。[①] 美国次贷危机后，关于混业经营法律限制的沃尔克规则也并入《银行控股公司法》，成为该法第十三条。虽然美国在2006年颁布《金融商品交易法》，但该法并不是金融服务综合法，而是由《证券交易法》更名而来，其规范的对象是基于合伙或其他合同的各种基金，还包括证券抵押、信托受益权、商品基金等金融产品，其本质上属于投资服务法。[②]

日本于1997年通过了《由控股公司解禁所产生的有关金融诸法整备之法律（整备法）》，该法在已有银行法、保险业法、证券交易法的基础上统一修正和追加必要的法律条文而成，包括了混业经营准入的业务范围、审批程序等详细规范。

韩国2000年10月颁布《金融控股公司法》并随着金融业的发展不断对其进行修订，其中第四章集中规定了金融控股公司的业务准入及子公司纳入问题。

2013年新加坡颁布了《金融控股公司法》，对金融控股公司的监管机构、业务限制进行了规定。

三、"商业银行（保险、证券）法为主导"模式

俄罗斯采取了"商业银行（保险、证券）法为主导"模式。采取这种模式的国家的金融基本法通常适用范围较广，既适用于普通银行、保险、证券机构，也适用于大型金融集团，同时通过不同时期对金融基本法的修订增加其适应性。俄罗斯和巴西虽然较早地进行了金融业的混业经营改革，但对混业经营监管的法律规范也主要存在于金融基本法中。

俄罗斯的金融监管主体以中央银行为核心，联邦金融市场管理局为辅助，同时推动行业自律和社会监督的发展。在法律体系方面以《俄罗斯联邦银行和银行活动法》《保险法》《证券市场法》作为主要规范金融服务市场的

---

① 李敏：《金融与实业分离原则下的保险资金运用监管》，载《暨南学报（哲学社会科学版）》2019年第3期。

② 朱大明、陈宇：《日本金融商品交易法要论》，法律出版社2017年版，第16页。

依据。[1]

四、监管体制与三种立法模式的交织

一国混业经营限制制度的立法模式，与该国的金融监管体制关系密切。通常对混业经营采取统一监管或双峰监管的国家，往往更倾向于颁布对金融市场进行综合监管的金融市场法或金融控股公司法。而采取分业监管的国家则通过银行法、保险法、证券法等金融基本法对已有的金融机构进行监管，无论该金融机构进行何种活动，主要以机构立法为主要规范方式。

在20世纪60年代开始的经济自由化、金融自由化浪潮中，混业经营日益成为各国金融业发展的主要趋势。很多国家纷纷改革原有的分业监管体制，向综合监管或双峰监管转变。但各国有不同的法治传统和政治经济环境，这导致即使是采取同种监管体制的国家，其对混业经营监管的立法模式也不相同。例如，同样采取统一监管模式，德国制定了《一体化金融服务监管法》；日本、韩国则主要依靠《金融控股公司法》；俄罗斯近年来采取统一金融监管体制后，其对混业经营的立法仍然采取以《俄罗斯联邦银行和银行活动法》等金融基本法为主的模式。而长期实行分业监管体制的美国，却在金融基本法之外，颁布了《金融服务现代化法》和《银行控股公司法》等规范混业经营的专门法。

英国1997年成立了金融服务监管局，2000年开始统一行使对银行业、保险业、证券业等金融业的监管职能，成为典型的统一金融监管体制国家。英国也对混业经营监管采取了统一的金融服务综合法模式进行规范，制定《2000年金融服务与市场法》《2010年金融服务法》。2012年，英国金融监管体制发生重大变革，撤除了曾经作为英国银行业、证券业和保险业单一监管者的金融服务监管局，代之以独立的审慎监管机关和行为监管机关——新设立的审慎监管局和金融行为监管局。英国的金融监管体制从统一监管向双峰监管体制转变。[2] 但金融监管体制的变革并没有改变英国原有的混业经营监

---

① 米铁男：《俄罗斯金融服务市场监管法律制度评介》，载《北方法学》2013年第4期。

② 陈斌彬：《从统一监管到双峰监管：英国金融监管改革法案的演进及启示》，载《华侨大学学报（哲学社会科学版）》2019年第2期。

管立法模式，《2012 年金融服务法》以及其后颁布的《2016 年英格兰银行与金融服务法》进一步明确了英国对混业经营采取金融服务法与金融基本法相结合的立法模式。

由以上分析可知，随着混业经营发展的日益深化、跨业风险增加和各国经济形势的变化，各国的金融监管体制可能发生变化，但对混业经营监管的立法模式则相对稳定。因此各国在考虑对混业经营立法模式的选择时，既要考虑金融监管体制，又要以已有的金融法规范为基础。

第二节　我国混业经营行为法律限制制度的立法模式研究

近年来，我国金融混业经营活动日益增加，从事混业经营活动的金融机构日益庞大复杂，相关金融业务和金融产品导致的纠纷也不断增加。但混业经营活动在我国金融基本法层面一直没有得到正式认可，只是通过《商业银行法》《证券法》《保险法》中对分业经营的“但书”规定，允许行政规范对混业经营行为的准入。同时，由于金融法领域对行政规范和执法路径的依赖，我国对混业经营行为的规范和法律限制性规定多存在于行政规范中，其执法也多通过行政行为甚至行政命令的方式进行。这种不稳定的规制模式既不利于混业经营产生的跨业风险的，也损害了相关金融机构对混业经营活动的稳定性预期。

2018 年以来，我国金融监管体制逐渐发生了适应混业经营监管的变化，针对混业经营监管的法律规范也密集颁布，这体现出国家对管控混业经营风险的决心。有效规制混业经营可能产生的跨业风险的最重要手段就是法律的规制，通过对危害金融稳定、损害消费者权益的相关混业经营业务进行法律上的明确禁止正是保障我国金融安全的有效手段。而混业经营行为法律限制制度的确立，首先要解决立法模式的问题。

一、金融基本法的不足

我国对混业经营活动的规范方式与我国金融法的特征相同，即以法律规范为辅，行政规范为主。1995 年发布的《商业银行法》《保险法》、1998 年发布的《证券法》，确定了我国分业经营、分业监管的体系，对金融混业经营活动采取了坚决的禁止态度。2003 年《商业银行法》被修正、2005 年《证券法》被修订、2009 年《保险法》被修订，以"但书"方式认可了"国家另有规定的"混业经营活动的合法性，并将确定混业经营合法性的边界问题留给了大量的行政性规范。即使近几年基本法在不断修订，然而这一"但书"规定依然被保留，未做改变。2015 年《商业银行法》再次被修正，其中第 43 条规定，商业银行在中华人民共和国境内不得从事信托投资和证券经营业务，不得向非自用不动产投资或者向非银行金融机构和企业投资，但国家另有规定的除外。2015 年《保险法》再次被修正，其中第 8 条规定，保险业和银行业、证券业、信托业实行分业经营、分业管理，保险公司与银行、证券、信托业务机构分别设立。国家另有规定的除外。2019 年《证券法》被修订，其中第 6 条规定，证券业和银行业、信托业、保险业实行分业经营、分业管理，证券公司与银行、信托、保险业务机构分别设立。国家另有规定的除外。

面对我国金融混业趋势的深化，金融基本法对混业经营的原则性禁止规定已经产生了立法与实践的严重背离。一方面，金融机构从事大量金融混业经营活动，而这些活动在原则上是被禁止的。另一方面，金融基本法对混业经营业务的规范较少，而不同时期不同主管部门的行政规范、行政命令在实践中成为金融机构从事相关业务的指针。

为执行混业"但书"而制定的行政规范，在内容上多因协同性缺失而呈相互割裂状态。不同金融部门法各自概括授权的协同性缺失，使竞相割据分野的金融监管部门基本上仅依据自己所监管领域的上位法来制定混业经营规范，由此导致混业经营规范内容的横向割裂；同时，各监管部门之间的混业经营规范经常与上位法规定相背离，甚至还夹杂着下位法与上位法的"违背”，形成了纵向割裂。[①] 显然在混业经营规范方面，与行政性规范相对，我国金融基本法处于缺位的状态。

虽然近年来金融基本法不断修订，但在修订中原有的“但书”规定并没有改变。可见监管层对我国金融基本法的定位，依然是遵从“宏观分业，但书例外”的原则。既然在金融基本法中依然以分业原则为指导，那么关于金融混业经营的具体业务规制、禁止规范就很难出现在金融基本法中。同时，金融基本法本来就是依据银行、保险、证券三个行业的不同特点所做的分业态规范法，对混业经营可能产生的跨业风险防范很难做出系统的安排。可见以我国现行《商业银行法》《保险法》《证券法》为主体规定规范混业经营活动、规制不当混业经营活动，既不适当也不现实。

二、对统一金融服务法的反思

近年来，在我国金融领域制定统一的金融服务法的呼声日益高涨，这与我国金融混业经营的现实乱象和监管体制的变化有关。

一方面，随着我国金融混业经营的趋势逐渐深化，各金融机构在开展混业经营业务的过程中也发生了多种风险事件，如“养券风波”“原油宝事件”等。过度的混业经营也造成一系列金融乱象，名目繁多的中国特色衍生品令人眼花缭乱，同业、通道、嵌套、资金池、庞氏融资性的万能险、P2P、非标、现金贷等层出不穷、相互叠加，结果是不断抬高资金成本，加剧实体经济困难。同时，风险传染的渠道极不透明。我国的金融机构，除常规的银行、证券、保险外，各类中国特色的金融、类金融机构和区域性交易市场创新设立更是眼花缭乱，不胜枚举。[②]

另一方面，我国监管体制发生了适应混业经营发展的变革。国务院金融稳定发展委员会成立、中国银保监会成立都是我国金融监管体制变革的重要体现。这也使理论界和实务界看到了我国金融监管走向部分统一甚至形成统一监管的可能性。

---

① 刘志伟：《金融法中混业“但书”规定之反思》，载《法学研究》2019 年第 6 期。

② 楼继伟：《纵论金融风险防范与化解》，载《宁波经济》2018 年第 3 期。

（一）支持金融服务法的理由

支持在混业经营监管领域制定统一的金融服务法的观点主要基于以下几个理由。

第一，对金融消费者保护的需要。

随着我国金融创新和混业经营局面的打开，我国金融零售市场逐渐多元化，独立的金融消费者主体也逐渐形成。这导致了金融法主体体系的重构，从投资者中分化出来的一般投资者和银行存款人、投保人、受益人等传统消费者一起成为独立的新金融法主体，即金融消费者。而我国传统金融法的调整对象集中在对组织关系、管理关系之间的调整，而少有对金融交易过程中提供服务或销售推介方式关系的充分调整，更鲜有对金融消费者进行专门保护的内容。[①] 我国缺乏对金融消费者保护的明确立法，没有规定保护金融消费者的明确目标，同时金融消费者纠纷解决机制缺失。[②] 而金融市场的发展与金融消费者关系密切，忽视金融消费者的保护，会挫伤金融消费者的消费热情，使金融业发展失去公众基础、社会支持和资金来源。因此我国应当以金融消费者保护为基础目标，以确保金融市场功能为核心目标，重构金融法内在价值体系，引导金融法外在制度体系的重构。金融服务法将是我国金融法重构的发展方向，横向统合规制也是金融法制发展的大势所趋。[③]

第二，金融商品规制的要求。

次贷危机表明：金融交易的客体尤其是创新性的金融商品只有在规范化的前提下发展，才能实现金融安全和金融效率的平衡。为了建立统一的金融服务市场，必须对银行、证券、保险、信托等金融服务进行横向整合，拆除银行、证券、保险业之间的藩篱。但是，从金融危机的发生来看，没有对目前日益创新的金融商品提供系统的、安全意义上的规制与监管。应该建立一种基本的规制与监管框架，建立一个统一的机构，让这一机构有权威并且有动力保障金融商品的安全性。[④] 金融服务法更加注重对贯穿于各主体之间的

---

① 马俊：《金融服务法的兴起及对我国传统金融法的影响》，载《海南金融》2011 年第 8 期。
② 郭丹：《金融服务法研究：金融消费者保护的视角》，法律出版社 2010 年版，第 163 页。
③ 杨东：《论金融法的重构》，载《清华法学》2013 年第 4 期。
④ 马国泉：《论金融商品的规制与监管》，载《东岳论丛》2010 年第 8 期。

金融商品的界定以及其行销过程中各种行为的规范，更加强调金融服务和金融商品的横向统一规制，更加关注整个金融市场交易的公平和效率，更加强调整个市场的法制统一性，因而多为统一或统合立法模式。①

第三，金融服务综合立法已成为国际趋势。

后金融危机时代各国的金融改革中，统一监管模式已经成为主流。英、德、日、韩等国从纵向的金融行业规制到横向的金融商品规制的发展趋势，把大部分金融商品进行一揽子、统合性的规范，构建出一个横向化、整体覆盖金融服务的金融商品交易、金融统合法律体系。② 以日本《金融商品交易法》为代表的从纵向的金融行业规制到横贯规制的金融商品交易立法模式，已经成为一种新的立法趋势。③

（二）对金融服务法规范混业经营活动作用的反思

在金融领域确立贯穿银行、证券、保险、信托等全部金融服务的金融服务法具有积极意义，这意味着监管方式适应金融混业经营的实际情况，打破原有的机构监管向功能监管转化，能使不同机构从事同种业务、接受相同的监管，促进公平竞争、减少监管套利。同时，金融服务法从立法本意上也更多地关注金融活动中具有信息劣势的金融消费者的利益保护，促进金融业的长期发展。

如果从混业经营的规制和法律限制问题层面去思考金融服务法，就必须回答以下几个问题：金融服务法能否实现对混业经营的有效监管，尤其是对不当混业经营活动的有效规制？金融服务法是否具有可行性？如果可行，金融服务法是近期可以实现还是远期的宏伟目标？

第一，金融服务法在调整对象上，难以实现对不当混业经营活动的全面规制。

金融机构从事混业经营活动的主要目的是增加盈利能力，金融机构会随

---

① 马俊：《金融服务法的兴起及其对传统金融法调整对象的新发展》，载《黑龙江金融》2011年第6期。

② 杨东：《后金融危机时代金融统合法研究》，载《法学杂志》2010年第7期。

③ 熊进光、曾群：《论我国金融服务的统合立法——台湾地区金融服务立法的经验及启示》，载《西部法学评论》2013年第5期。

着金融市场的变化和金融消费者的需求推出不同类型的金融产品。从满足金融市场需求的角度来看，金融机构的混业经营活动也就表现为其所提供的多种混业经营产品，因此，通过对这些混业经营产品进行规范可以起到对混业经营活动的规制。例如，金融机构基于金融消费者的信息不对称进行的不当金融产品设计和推荐，在这一点上金融服务法可以起到对混业经营活动的规制。

但金融机构从事混业经营活动既有满足市场需求的一面，表现为提供多种混业经营相关产品；还有另一个重要方面，表现为金融机构自身的对外投资活动，如股权投资、自营交易等活动。这些活动既可能增加金融机构的复杂性，形成庞大复杂的金融集团；又可能涉及高风险操作，危害金融机构自身的安全，进而威胁金融系统的安全稳健。“宝万之争”“包商银行被接管”等事件都说明此类非产品型的混业经营活动同样影响金融安全，应当进行有效规制。显然从保护金融消费者权益和规范金融产品运行角度确立的金融服务法无法涵盖此类混业经营活动。

第二，从国际经验看，真正贯穿全部金融业态的金融服务法并不多见。

学界经常列举外国先进经验来说明确立金融服务法符合国际趋势，如美国的《金融服务现代化法》、日本的《金融商品交易法》、韩国的《证券市场和金融投资服务法》等。这些法律规范所调节的金融产品类型较改革之前有了很大的拓展，确实适应了金融混业经营的发展。但这些法律规范多是对某类金融产品进行的规范，并非真正贯穿全部金融业态的金融服务法。如日本的《金融商品交易法》虽名为“金融商品”交易法，却不调整投资性比较高的储蓄、保险商品、期货交易、不动产特定共同事业合同等商品。① 美国的《金融服务现代化法》也主要是针对银行控股公司的混业经营活动所做的修正，最终表现为对《银行控股公司法》等已有规范的修订，其目标并不是建立全金融业态的金融服务法。美、日两国采取的是整体修法的方式，并非全新立法，其实质是银行法、保险法、证券法以及公司法等修正案的汇集。②

① 朱大明、陈宇：《日本金融商品交易法要论》，法律出版社2017年版，第40页。

② 陈继东、顾晓燕：《金融控股公司法律的比较研究》，载《世界经济与政治论坛》2004年第4期。

韩国的《证券市场和金融投资服务法》，虽然扩大了金融产品的类型，调整了包括投资业务、投资信托业务、投资中介业务、投资咨询业务在内的四大类金融业务，但非金融投资产品如银行储蓄和保单不属于该法的调整范围。

第三，就可行性而言，目前我国很难通过统一的金融服务法。

面对我国分业监管体制和混业经营现实的矛盾，近年来我国监管机构和行业监管规范都在向适应混业经营要求的方向发展。尤其是美国次贷危机之后，我国对混业经营可能产生的系统性风险，包括系统重要性金融机构的监管规范进行了加强，对复杂金融产品的监管也强调了“去通道”“并表监管”“穿透式监管”，对金融消费者的保护力度也逐渐强化。

尤其是2018年4月27日，中国人民银行、中国银保监会等部门联合发布《关于规范金融机构资产管理业务的指导意见》（以下简称《资管新规》）更是针对银行、证券、保险、信托公司等金融机构发行的多种金融产品统一概念、分类和监管。《资管新规》由多家监管机构联合发布，统一了监管标准，不同金融机构必须接受相同的监管规则，限制资管产品通过嵌套套利和不公平竞争，克服监管套利，即不同监管主体、不同监管思路、不同准入标准、不同执行力度所带来的金融机构监管规避，开启了形成“大资管”监管架构。[①] 这是我国金融法治建设为适应混业经营发展向功能监管、横向规制发展的重要体现。

虽然《资管新规》的调整对象广泛，包括固定收益类产品、权益类产品、商品及金融衍生品类产品、混合类产品等，但《资管新规》毕竟只是针对金融机构接受投资者委托，对受托的投资者财产进行投资和管理的金融服务。资产管理业务是一种表外业务，大量的存款、保险等核心表内业务并不在《资管新规》调整范围内。《资管新规》是我国金融法治建设迈向横向规制的有益尝试，但不能仅凭此规范的出台便认为我国存在整个金融领域横向规制的现实基础。

从金融服务的本质来看，混业经营的趋势不能抹杀金融业各业态之间的

① 沈伟、李术平：《迈向统一监管的资管新规：逻辑、工具和边界》，载《财经法学》2019年第5期。

实质差异。银行业吸收公众资金的储蓄业务、保险业提供的风险分担模式、证券业特有的价值交换功能，都对这些机构的运营和监管提出了不同的要求。以商业银行为例，所有的风险监管基础就是其主营的储蓄业务，包括“大而不倒”问题、“利益冲突”问题都建立在商业银行经营储蓄业务，并由此具有了较保险业、证券业更大的外部性这一前提之下。因此，不能因混业经营现实而否定业态差异。虽然混业经营是适应市场的选择，但专业化的服务同样不可或缺。

在金融产品差异依然存在、金融市场不可能完全重合的情况下，所谓绝对化的一体化监管和横向规制多属于学者们的一厢情愿，而缺乏现实的基础。同时，金融产品的复杂、多样及不同金融产品监管手段及监管哲学的不同，将使理想中的横贯式立法目标困难重重。①

从我国已有的金融法律基础来看，我国金融基本法建立在分业经营、分业监管的基础上，并且近几年如《商业银行法》等的修正也并没有改变这一原则的趋势，其中罕有规范混业经营的条款。同时近几年颁布的《关于完善系统重要性金融机构监管的指导意见》《关于规范金融机构资产管理业务的指导意见》《金融控股公司监督管理试行办法》等规范虽然加强了对混业经营的规范，但其规范往往针对某一特定问题，较为零散，缺乏系统性。如果要制定统一的金融服务法，必须分析大量复杂多样的金融产品，需要破解不同金融产品自身的结构和交易风险，确立确定的交易规则，这无疑需要强大的立法技术和大量的立法成本，显然这些在短期内难以实现。

三、金融控股公司法的经验和实践

金融控股公司是从事金融混业经营的重要主体，因此规范金融控股公司的法律规范对混业经营规范往往起到较大的作用。世界各国和地区的金融控股法中也存在大量对金融控股公司可以从事的活动和禁止性规范的描述，对防范金融控股公司混业经营活动可能产生的跨业风险具有重要意义。

美国 1933 年《银行法》确立了分业经营的原则，而“大萧条”之后，

① 冯果：《金融服务横向规制究竟能走多远》，载《法学》2010 年第 3 期。

大量银行又开始展开跨区域的业务扩张活动，因此美国1956年颁布《银行控股公司法》的初衷是规制银行的地域扩张。后来随着混业经营发展和《金融服务现代化法》的颁布，《银行控股公司法》的功能逐渐发展为创新银行混业经营组织结构、服务银行业务扩张。2010年颁布的《多德—弗兰克法案》中最有代表性的对混业经营的限制性规定“沃尔克规则”，最终也被纳入《银行控股公司法》。《银行控股公司法》包括三个组成部分，《1956年银行控股公司法》、《银行控股公司法1970年修正案》和《银行控股公司与银行控制变化》（Y条款）。

其中《1956年银行控股公司法》第3条对银行控股公司在股份和资产收购业务中的禁止活动进行了列举，以防止银行控股公司因业务过度扩张可能导致的垄断等风险。第4条更是对银行控股公司从事“非银行业务”这样的混业经营活动进行了限制性规范，并将银行控股公司的业务活动限制在银行及其他密切相关的业务内，以保持银行业和商业的相互分离。同时规定了资本分离、利益冲突，即自我交易方面的限制、控制退订和控制抗辩规则。①

韩国2000年颁布《金融控股公司法》，经过多次修订，对金融控股公司的定义、设立、持有股票限制、业务和子公司纳入、金融控股公司的运营、特别监管等内容进行了全面规范。其中为了避免利益冲突和安全网扩散，详细规定了金融控股公司持有非金融公司股票、关联公司股票、银行控股公司股票、专业私募投资公司等持有股票的限制，以及金融机构与金融控股公司之间的控制关系限制等禁止性规范。并对金融控股公司中子公司的条件业务领域限定为“与金融业有密切关系”，否则应限期退出。该法第五章还对金融控股公司的产融结合和垄断问题进行了规制。②

我国台湾地区2001年制定所谓的“金融控股公司法”，对金融控股公司的界定、设立、转换、业务、投资、处罚等问题进行了规范。其中第36条对金融控股公司投资的业务范围进行了10款列举规定，主要包括银行、证券、保险、期货创业投资、外国金融机构及其他与金融业务相关的业务，同时对

---

① 《美国〈联邦存款保险法〉、〈银行控股公司法〉》，邱海洋、刘萍译，中国政法大学出版社2005年版，第3页。

② 《韩国金融控股公司法》，董新义译，载《金融服务法评论》2014年第1期。

超越经营范围的活动规定了调整期限。为了防范风险，“金融控股公司法”还禁止子公司及孙公司持有金融控股公司股票，限制金融控股公司的内部交易，并对金融控股公司各子公司从事跨业经营活动中的共同行销活动进行了限制性规定。

而20世纪末，我国大陆地区金融混业经营活动日益扩张，理论界和实务领域一直呼吁我国尽早制定“金融控股公司法”，以防范跨业风险、实现金融混业实践与立法的统一。2020年9月，中国人民银行发布了《金融控股公司监督管理试行办法》，同月国务院发布了《关于实施金融控股公司准入管理的决定》。这标志着我国通过金融控股公司进行混业经营实践开启了一个新的阶段，从“在发展中规范”进入“在规范中发展”的阶段。就在2021年6月4日中国人民银行宣布受理中国光大集团股份公司和中国中信集团有限公司关于设立金融控股公司的行政许可申请。

《金融控股公司监督管理试行办法》共56条，对金融控股公司的定义、监管体制、设立、股东限制、业务范围与限制、公司治理与协同效应、并表监管等内容进行了规定。《金融控股公司监督管理试行办法》是为了防范产融结合风险、利益输送风险，保护金融机构和投资者的权益而制定的，对通过金融控股公司进行的混业经营活动进行了全面规范。该法包含大量限制性或禁止性规范，以规制金融控股公司的不当混业经营活动。如第16条对金融控股公司业务范围的限制，第18条对交叉持股的限制，第22条对集团协同经营活动的限制，第23条对客户信息共享的限制，第36条对关联交易的禁止，第47条对金融控股公司违法活动的惩罚措施。可见《金融控股公司监督管理试行办法》实际上已经确立了相当多的混业经营禁止性规范，金融控股公司过去无法可依的“异化”混业经营活动受到了规制。

但《金融控股公司监督管理试行办法》的调整对象只限于“控股股东或实际控制人为境内非金融企业、自然人以及经认为的法人的金融控股公司”，而“金融机构跨业投资控股形成的金融集团”的监管规则交由监管部门“参照本办法确定监管政策标准，具体规则另行制定”。因此，在金融实践中从事混业经营的主力军银行业金融机构、保险业金融机构、证券业金融机构等金融集团从事的混业经营活动没有被纳入该办法的监管范围。目前银行业、保险业、证券业中的众多金融机构实际上都在以金融控股公司的模式运营，而且资产规模巨大，往往进行着复杂的混业经营活动。对此，目前中国银保监会并未依据《金融控股公司监督管理试行办法》公布相关的实施细则。

四、我国混业经营行为法律限制制度立法模式的应然选择

要选择恰当的混业经营行为法律限制制度的立法模式，必然要参考国际经验，并结合我国的混业经营实践和金融监管体系的实际情况而定。

对立法模式的探索主要涉及以下两个问题的回答：对混业经营行为法律限制制度是否可以通过金融基本法的修订完全建立？如果单纯依赖金融基本法的规定无法实现，还应当以何种立法实现？是建立统一的金融服务法，还是以金融控股公司的相关制度为主要规范？

（一）对“商业银行（保险、证券）法为主导”的立法模式的否定

对混业经营行为进行法律限制的相关制度能否只通过修订金融基本法来实现，也就是采取前文所述的“商业银行（保险、证券）法为主导”的立法模式？这个问题的回答应当是否定的。也就是说，在我国，通过修订现有的金融基本法以囊括对混业经营行为的限制性规范的立法模式既不合理也不现实。

这种选择主要基于以下几点原因：

第一，混业经营模式对我国金融监管法变革的要求。客观地说，我国金融市场以“机构监管”为主导的监管模式并非出于某种刻意的设计，而是由中国金融市场的演化历程以及当下中国金融市场的诸多特质所决定的，因而具有某种历史和现实的合理性。① 然而金融混业经营打破了原有金融机构传统分业的限制，金融机构通过业务扩张、设立金融控股公司等方式，越来越多地跨业态经营。因此传统的机构监管、分业监管面临监管真空和监管标准不统一的问题。同样，以机构监管为核心的分业态金融立法，也表现出对混业经营的不适应。

---

① 黄韬：《我国金融市场从“机构监管”到“功能监管”的法律路径——以金融理财产品监管规则的改进为中心》，载《法学》2011 年第 7 期。

以银行、保险、证券等金融机构从生到死的纵向历程为核心的金融基本法难以有效防范金融业务和金融风险出现跨业、跨市场的交叉与传染的横向风险。在我国《商业银行法》《保险法》《证券法》中只能是针对银行业、保险业、证券业的，行业特征进行针对性立法，很难将这些主体从事其他业务的风险综合考虑。同时以某一机构为核心的分业立法也缺少对金融集团复杂结构形成的交叉关联风险、安全网扩散风险的关注。随着金融机构经营范围的扩大，以机构为对象的监管范围也开始扩大和交叉，监管重叠与监管真空同时并存的问题更加突出，监管套利的空间明显增加，单纯的机构监管理念和架构已越来越不适应金融业务发展的需要。①

第二，我国既有金融基本法不具备采取此种立法模式的制度条件，相应的国际经验不适合我国。

如前文所述，从世界范围来看，采取“商业银行（保险、证券）法为主导”模式的国家并不多见。但是采取这种立法模式的国家，其金融基本法都具有以下几个特点。一是金融基本法中明确规定了混业经营的合法性，甚至在金融基本法中直接肯定了采取金融控股公司模式的合法性。二是在金融基本法中对金融机构的混业经营业务都进行了宽泛的规定，其规定还具有相当大的弹性。因为只有在金融基本法层面认可混业经营，并对各业态的混业经营业务有广泛认可，才有可能在金融基本法中对相关的业务风险进行规范。如《俄罗斯联邦银行和银行活动法》第5条列举了商业银行可以从事的9项传统银行业务和7项扩展业务，在扩展业务中包括资金和财产管理业务、贵金属和矿石交易业务、融资租赁业务、咨询和服务业务等涉及混业经营的业务。在保险业务方面，该法虽然禁止商业银行从事生产、贸易和保险业务，但不禁止商业银行持有保险公司的股票。在证券业务方面，该法第6条规定商业银行可以从事广泛的证券业务，包括对多种有价证券的发行、买卖、寄存、保管、信托等经营活动。②

---

① 王兆星：《机构监管与功能监管的变革——银行监管改革探索之七》，载《中国金融》2015年第3期。

② *the Role of the Bank of Russia in Banking Regulation*（*Legal Aspects*），Erpyleva N. Journal of Banking Regulation 90（2001 3（1）：90）.

显然我国的《商业银行法》《证券法》《保险法》等金融基本法并不符合这样的要求。从20世纪末我国金融基本法颁布以来，一直坚持“分业经营、分业监管”的理念，显然这是在金融立法层面选择了安全价值。这样的立法价值选择对我国长期的金融稳定发展具有积极意义。但分业监管理念在近几年混业经营迅猛发展的背景下备受质疑，因此金融基本法在修订中普遍加入了“但书”规则。然而这样的“但书”仅仅是将混业经营活动定位为一种分业经营的“例外”，而整体对混业经营业务的禁止规定并没有改变。如果混业经营的合法地位没有得到承认，那么大量规制混业经营业务风险的条款，甚至不同业态交叉经营的组织问题，更不可能出现在这些分业立法中，因此在“分业经营、分业监管”的立法理念不变的情况下，我国金融基本法中不可能存在大量规范混业经营活动的条款。

近年来，我国对金融基本法又进行了一定的修正，2015年《保险法》修正、2019年《证券法》修订、2015年《商业银行法》修正、2020年《商业银行法（修改建议稿）》发布并征求意见。但这些金融基本法的修订（正）都未能改变我国“分业经营、分业监管”的立法理念。虽然“但书”规定从最初在《商业银行法》中规定扩大到了《证券法》和《保险法》中，逐渐具有了综合、概括、统一特征的一般条款，① 但各金融部门法却始终以金融分业为立法指引。可见我国监管层坚持金融分业的理念很难在短期内发生变化，通过金融基本法为主对混业经营基本活动进行规范的模式不具有制度基础和现实可能性。

不采取“商业银行（保险、证券）法为主导”的立法模式，并不意味着我国金融基本法应该在规范金融混业经营活动中无所作为。即使在混业经营时代，传统的纵向机构监管与横向功能监管之间也并不是非此即彼或者相互替代的关系。作为监管原则、监管理念或者监管方法，二者各有其优势和局限。

一方面，即使混业经营日益深化，但混业经营也并非完全取消金融业态之间的差异，金融机构不可能任意无限地从事各类金融业务。事实上金融机

① 刘志伟：《金融法中混业“但书”规定之反思》，载《法学研究》2019年第6期。

构的混业经营业务往往是在从事本业态基本金融业务之外的盈利性选择，金融机构不可能放弃本业态最基本的金融业务而完全从事跨业活动。因此对金融机构从事本业态基本金融业务或密切相关业务的规范仍然需要依据金融分业立法。另一方面，功能监管以金融机构的不同业务作为监管的依据和着眼点，关注的是单个产品和市场行为，而不是提供这些产品的金融机构。而机构监管恰恰是从金融产品提供者的角度，考量金融产品提供者自身的安全稳健，从整体上对金融机构的财务状况、风险状况和合规情况加以把握。这是机构监管继续存在和发挥作用的最大理由所在。①

（二）对“金融控股公司法＋商业银行（保险、证券）法”模式的选择

既然建立在分业基础上的金融基本法难以对混业经营风险进行全面规制，那么应当以何种法律形式对混业经营进行规范？如前所述，制定综合的“金融服务法”或者“金融控股公司法”成为很多国家的选择。那么在我国应当采取何种法律形式规范混业经营活动，以统领众多分散、冲突、低层次的部门规章，补充金融基本法的不足呢？通过上文对综合金融服务法的分析和对金融控股公司法的经验与实践的思考，可以得出我国采取“金融控股公司法＋商业银行（保险、证券）法”模式是更好的选择。

一方面，综合的金融服务法在调整对象和立法成本方面不具备全面规制混业经营活动的合理性。如前所述，综合性的金融服务法虽然能更好地实现同类产品的同种监管，保护金融消费者的权益，但其对混业经营活动的规制缺乏对金融机构的跨业投资活动的规制。这种跨业投资活动并非某种金融产品，却加剧了金融机构的复杂性，增加了金融机构的风险程度。同时，在各业态本质差异无法消除的条件下，建立贯穿各业态的金融服务统一立法的立法成本较高，监管效果也难以保障。

另一方面，金融控股公司法在规范事项和制度基础方面更适合对我国金融混业经营活动进行整体规范。如前所述，金融控股公司成为我国金融混业经营的主要组织形式，无论是金融机构设立的金融集团还是非金融机构设立的金融控股公司，其本质都是金融控股公司模式，只是称谓不同。对金融控

① 廖凡：《金融市场：机构监管？功能监管?》，载《金融市场研究》2012 年第 1 期。

股公司的法律监管可以从金融控股公司的投资业务，金融控股公司各业态子公司的控股、协作、风险隔离关系、关联交易等多方面在事实上实现对混业经营活动本身的规制。同时，我国已经颁布《金融控股公司监督管理试行办法》，有关金融集团的相关规则也在制定中，具有整合规制混业经营活动的制度基础。

综上所述，对我国混业经营活动进行规制的法律形式应当采取以金融控股公司法为主导，以各业态金融基本法为补充的模式。

第三节　金融基本法在规制混业经营行为方面的协调

金融控股公司法可以从股权投资、子公司的协同与风险隔离、关联交易等多方面对混业经营活动进行规范，并规定禁止的事项和惩罚措施。但金融基本法在混业经营规制中也并非无所作为，尤其是随着我国混业经营的深化发展，金融基本法中允许经营的业务范围逐渐扩展，其中就涉及过去禁止的可能，涉及混业经营的业务。以 2020 年的《商业银行法（修改建议稿）》为例，第 3 条对现行商业银行法的业务范围进行了扩张。首先，对原有规定进行了扩展：第六款在“代理发行、代理兑付、承销政府债券”的基础上增加了“及其他债券，证券交易所发行的证券除外”；第七款在“买卖政府债券、金融债券”的基础上增加了“及其他债券”；第十二款在“代理收付款项及代理保险业务”的基础上增加了“及其他代理业务”。其次，增加了新的经营范围；第十三款“办理托管业务”，第十五款“办理衍生品交易业务”，第十六款“办理贵金属业务”，第十七款“办理离岸银行业务”。

其实从本质上来讲，究竟何种业务属于混业经营业务，何种业务属于某一业态金融机构特有的业务，其界限原本就难以明确。但无论有争议的业务是否被明确定位于混业经营活动，其监管都可以用以下方法实现：即金融机构和非金融机构通过控股公司形式从事混业经营，受金融控股公司法规范；金融机构也可以单独从事涉及混业经营的活动，受金融基本法规范。而无论混业经营活动是在金融控股公司框架下还是在金融基本法层面进行规制，都需要进行相关规范的整合和协调，以实现对复杂、多元的行政规范的统一，减少法律规范的冲突，提高对混业经营活动的监管效率。

同时，讨论金融基本法在混业经营规制方面的协调时也应当具有前瞻性。也就是说，虽然我国的金融基本法具有相当的稳定性，是制度设计的基础，但也应考虑金融法治发展的合理性需求对金融基本法进行适时的修订。这既是对混业经营深化发展的回应，又能纠正我国金融法治长期存在的底层规范混乱、法律失位、“突击式”行政监管多见的乱象。

一、混业经营活动法律地位的明确

混业经营活动虽然可能引发风险传染、利益冲突等风险，但也是金融市场发展的产物，是市场机制发挥作用的结果。首先，混业经营活动满足了新形势下金融业开展“一站式”金融服务的需要。客户的金融需求不局限于存、贷、汇等传统业务，而是包括投资银行、保险业务在内的全面金融解决方案。其次，混业经营活动是金融机构拓展多元化收入的需要。对金融机构来说，进行混业经营具有规模经济和范围经济的优势，可以实现协同效应、降低成本。随着我国利率市场化改革的逐步深入，商业银行难以继续依赖传统的存贷利差盈利模式，迫切需要开展多样化业务获得新的收入来源，提升抗风险能力。①

近年来，我国金融机构的混业经营在业务品种上种类繁多，在组织机构上日益复杂。同时，金融基本法中的“但书”规定也为金融机构合法开展混业经营活动提供了可能性。但是金融基本法对混业经营的态度依然是“分业经营、分业监管”的整体禁止态度，而将“国家另有规定的除外”规定的解释权交给了行政规范。这导致金融机构的混业经营活动完全依据不同监管机构在不同历史时期制定的规范、政策，甚至临时的行政命令。这既不能实现对混业经营活动的有效监管，也不利于金融机构依法开展混业经营活动。而形成这种困局的最根本原因就是混业经营活动本身的尴尬地位，既被金融基本法整体禁止，又由作为下位法的行政规范许可，而且业务数量众多。

---

① 潘功胜：《金融业综合经营发展与监管》，载《中国金融》2014 年第 1 期。

要从根本上对我国混业经营实施有效监管，就应当首先确认金融机构从事混业经营的合法地位，明确混业经营活动的法律地位是进行有效规制的前提。我国金融基本法中已经存在混业经营合法化的基础——“但书”规则，同时大量的行政规范已经在不同时期对混业经营活动进行了不同程度的规范。因此，金融基本法只需要对已有的行政规范进行整理，将符合我国国情、运行良好的混业经营业务纳入金融基本法的许可范围，确定金融机构经营这些混业经营活动的合法性。

二、监管主体与监管权限协调

分业经营与分业监管、综合经营与统一监管并非一一对应的关系。[①] 如长期实行混业经营的德国在2002年前一直是分业监管，实行混业经营的美国依然坚持伞形监管形式下实质上的分业监管。但不可否认的是，金融活动从分业经营走向混业经营会对原有分业经营的监管机制提出新的要求，监管主体及其监管权限会发生适应性的变化。

过去，我国一直实行严格的分业监管模式，2003年3月，原中国银监会成立，正式形成“一行三会”的分业监管格局，中国人民银行统领原中国银监会、中国证监会、原中国保监会各自分管银行业、证券业、保险业金融机构，可以发挥监管专业化的优势，增强对金融业的动态连续监管能力。但在这种监管体系中，我国银行业、证券业和保险业等主管部门的监管职能自成体系，金融监管存在条块分割、沟通不足、信息共享困难等问题，随着金融综合经营日益发展，对金融监管有效性的不利影响日益加大。[②]

近年来，我国对金融监管机构及其权限进行了较大的改革，这正是为了适应混业经营发展而在监管体制方面进行的积极应对。2017年国务院成立金融稳定发展委员会，2018年成立中国银保监会，同时中国人民银行的宏观审慎监管职能也进一步得到了加强，而这些新的变化应当在金融基本法中得到体现。尤其是随着2018年《关于完善系统重要性金融机构监管的指导意见》

① 张双梅：《金融监管权比较研究——以综合经营为视角》，载《法学杂志》2011年第3期。
② 王忠生：《综合经营趋势下中国金融监管制度非均衡与创新》，载《求索》2011年第9期。

和2020年《金融控股公司监督管理试行办法》等相关规范的颁布，明确了对此类特殊金融机构的监管主体和权限。这些新的规定表明了混业经营监管的新方向，我国的金融基本法应当调整相应的规定，保持与这些规范的一致性。特别是系统重要性金融机构既可能是银行也可能是保险公司或证券公司，要受到金融基本法的直接规范。

三、混业经营许可和禁止范围的协调

混业经营活动一方面增加了金融产品的复杂性，使原本技术性较强的金融产品具有了更多重的法律关系，增加了防范风险的难度；另一方面增加了金融机构的复杂性，形成了更多子公司的关联关系，增加了形成系统性风险的可能。特别是银行业机构与其他金融机构合作开发的复杂金融产品更有可能形成大量的“影子银行”风险。

金融机构还可能通过混业经营活动获取金融消费者的信息，并将此信息用于自营交易侵害金融消费者的权益。正如沃克尔规则的起草者美国参议员杰夫·默克雷所言：“金融机构可以通过两种方式将自己的利益置于客户的利益之上：或者利用客户的交易信息在市场中对抗另一些客户，或者设计并推出一些最终会贬值的产品。因此应当采取广泛禁止自营交易的监管措施，只允许做市业务和套期保值业务，同时必须坚持以客户为导向。”①

因此，2007年美国次贷危机之后，美国、欧盟等很多国家和地区公布了限制混业经营活动的法律规范，包括著名的美国的“沃尔克规则”、英国的“围栏原则”、欧盟的“利卡宁报告”。其核心是限制自营交易业务、衍生品交易业务，要求金融机构坚持自己的核心业务，建立核心业务与高风险业务的隔离制度。

我国金融基本法对混业经营的态度不明确，整体禁止却保留例外空间，同时法律中又未明确规定例外的具体内容。这造成金融基本法中对混业经营的许可和禁止性规范极少，只有正面列举的业务范围和整体否定的分业监管

---

① Jeff Merkley, Carl Levin, *The Dodd – Frank act restrictions on proprietary trading and conflicts of interest: New tools to address evolving threats*, 48 Harvard journal on legislation (2011) 534.

规则。例如《商业银行法》（2015 修正）第 43 条、《保险法》（2015 修正）中第 8 条、《证券法》（2019 修订）第 6 条中的“分业经营、分业管理”，《商业银行法》（2015 修正）第 3 条、《保险法》（2015 修正）中第 96 条、《证券法》（2015 修正）第 120 条中对业务范围的规定。其中混业经营宏观禁止的“分业经营、分业管理”的原则性规定过于宽泛，几乎是禁止了所有跨业经营活动。而“但书”的例外规定，却把大量的许可经营授权交给了低位阶的行政规范。这导致金融机构从事混业经营业务长期处于不稳定状态，一方面是行政规范许可经营，另一方面要时刻面对可能随时被行政命令、电话通知等“叫停”的局面。而且行政规范往往仅从某部门的风险防范角度制定，缺乏对金融控股公司整体，包括其他业态可能产生风险的考虑。

因此，对混业经营业务范围和禁止性规范的规定应当纳入金融基本法的立法设计，应当结合金融控股公司法和系统重要性金融机构的相关规范对金融基本法的相关法条进行修订。第一，从混业经营业务规范的角度看，统一混业经营涉及的证券、保险、信托等行业的相关概念，其业务内涵应当在基本法层面保持一致。第二，逐渐减少金融基本法中业务准入的行政许可，增加混业经营业务的禁止性规定。由于金融基本法地位的弱化，监管规则“隐性”取代法律规范的现象日益严重，应当修订分业监管的宏观规定，明确规定法律许可的业务不再需要监管机构的行政审批。同时对可能产生系统性风险、安全网扩散、利益冲突问题的混业经营业务进行立法层面的明确禁止，细化金融基本法中的禁止性规定。第三，对同时具有积极意义和消极意义的混业经营业务，应当在允许的同时规定禁止性规范的例外。第四，协调各控股公司中不同子公司的业务准入规则，保证各子公司从事混业经营业务既符合金融控股公司法，又符合金融基本法的规定。

四、罚则的协调

对混业经营活动的限制性规定最终要落实为要求不当混业经营行为实施者承担不利后果，这主要表现为相应的处罚规则。但目前理论界对金融监管中的监管措施如何定性未有定论。而这些监管措施与已有的行政处罚措施并不完全相同，其中包括行政处罚、行政强制、行政检查等。不同的金融监管机构对金融监管措施的规定差异较大，同样性质的监管措施在此机构看来不属于行政处罚，而在彼机构看来却属于行政处罚；有的行政处罚或措施在此机构看来可以要求举行听证，而在彼机构看来却不可以要求举行听证。[①] 以“市场禁入”这一监管措施为例，中国银保监会认为是行政处罚，并允许听证。而中国证监会则将市场禁入措施与行政处罚并立，列为两大类处罚措施。对“暂停金融业务许可”“限制业务范围”这样的措施在不同监管机构中的定位更为模糊。

尤其是近年来为了应对混业经营乱象，我国金融监管机构更是将“不规范经营”作为处罚理由，广泛应用于约束金融机构的不当经营行为。2012 年原中国银监会出台的《关于整治银行业金融机构不规范经营的通知》，就将大量的模糊行为归于“不规范经营”这一事项。这样模糊的处罚理由，主要是因为其无法抽象出一个本质明确的共有违规基因，因此，只能以“不规范经营”这个似乎不太符合法律语言规范的表述来统领所有违规行为。[②]

近年来，我国金融监管机构在金融监管措施领域颁布了多项规范，推进金融监管措施的合法化、统一化。例如，2020 年 4 月中国银保监会发布《中国银保监会行政处罚办法》；2021 年中国证监会发布《证券期货违法行为行政处罚办法》。应当在基本法层面将这些对混业经营活动的监管措施进行整理、统一，以实现监管公平、防范监管套利。

---

① 邢会强：《金融监管措施是一种新的行政行为类型吗?》，载《中外法学》2014 年第 3 期。

② 陆海天：《论我国银行业行为监管的执法困境及其现实出路——以银行业“不规范经营”监管执法为中心》，载《法律科学》2020 年第 4 期。

第四章

混业经营行为法律限制制度显性化的核心——限制行为类型化研究

金融机构的存在主要是为了降低交易成本和减少不对称信息，而金融混业经营则推动了信贷市场、证券市场和保险市场日益趋同，实现了规模效应和范围经济。① 然而混业经营活动所形成的跨业、跨市场投融资业务链条，易于引发金融风险的跨业、跨市场传染，更易于引发金融系统性风险，并为监管套利提供空间。②

2007 年的美国次贷危机正是金融机构高风险混业经营业务失去有效监管的结果。因此，美国次贷危机后多国进行了金融监管体系和金融法律制度的改革，其中的一项重要内容就是加强对混业经营活动的法律限制。我国的金融基本法虽然对混业经营活动持禁止的态度，但大量行政规范的发布事实上许可了多种混业经营业务的开展。同时这些混业经营活动的限制和禁止也取决于行政规范，甚至由不同时期的行政命令、电话、会议等方式进行。对混业经营法律限制制度的非法律化，不利于混业经营活动的开展和风险的防范。分析我国的高风险混业经营行为，对我国混业经营行为的限制类型、适用条件、豁免条件等问题进行类型化研究，是保障我国金融安全促进混业经营法律限制制度显性化的核心。

① 王鹤立：《我国金融混业经营前景研究》，载《金融研究》2008 年第 9 期。

② 王兆星：《金融综合经营与分业监管变革——银行监管改革探索之五》，载《中国金融》2014 年第 23 期。

第一节 混业经营自由与法律限制的思辨

对混业经营行为进行法律限制的具体制度设计应当有一个前置性问题，即以何种立法理念或者价值追求对混业经营行为进行法律限制？在金融法系统中一直存在三个基本的矛盾平衡点：一是自由与安全的矛盾平衡；二是效率和正义的矛盾平衡；三是个体利益和社会利益的矛盾平衡。[①] 虽然对混业经营的法律限制看似只是基于法律对安全价值的追求，但在法律限制制度中也蕴含着对效率价值和自由价值的追求。

一、法律限制制度的构建必须以混业经营的效率价值为基础

将《商业银行法》《证券法》《票据法》《保险法》《信托法》等视为金融法律，已成为人们的一种共识，而这些法律无不呈现二元规范结构，既包括金融交易、金融组织法律规范，也包括金融监管法律规范。[②] 可见金融法律体系并不是以传统部门的调整对象为标准而形成的，而是在金融领域发生的相关法律规范的汇集而成的。因此，金融法律体系更多的是领域法而不是特定调整对象的部门法。整体而言，金融法中的交易关系和监管关系应分属商法和经济法的调整范围。

金融法中的金融监管规范是经济法的重要组成部分，体现了国家对金融领域的干预和协调。而经济法是规范和保障国家实施宏观调控和市场规制的法，无论是调控还是规制，都必须遵循经济规律，充分发挥市场机制的作用，必须依法运用法律手段，推动企业成为真正的市场主体。[③] 经济法对经济的协调始终以市场机制为出发点和目标，凡是市场机制能有效发挥作用的领域则没有经济法发挥作用的空间，凡是市场失灵的领域才是经济法运作的范围。

---

① 张宇润：《金融法的定位及内在冲突的衡平》，载《当代法学》2004 年第 1 期。

② 王保树：《金融法二元规范结构的协调与发展趋势——完善金融法体系的一个视点》，载《广东社会科学》2009 年第 1 期。

③ 张守文：《减负与转型的经济法推进》，载《中国法学》2017 年第 6 期。

而混业经营活动显然是市场机制运行的结果，是金融机构对金融市场变化的主动适应，是追求效率和提升自身竞争力的选择。混业经营是金融创新和金融结构理性变迁的当然结果。① 与传统的分业经营相比，混业经营活动是对金融要素、金融功能的重新配置和组合，混业经营活动排除了行业限制，实现了金融业所有要素按照风险最小、收益最高的要求合理有效配置，显然更有利于提高效率。

虽然混业经营活动产生了大量的金融工具创新和技术创新，导致金融资产流动性大大增强，加大了金融风险，但不能因风险存在而否定混业经营的效率价值。构建混业经营法律限制规范的根本目的恰恰是在混业经营活动产生的效率和对金融体系产生的风险之间寻求平衡，通过对金融机构、金融消费者、监管机构的权利义务、职权职责进行合理分配，实现效率与安全的平衡，这正是金融法存在的意义。金融安全是与金融效率对立统一的范畴，维护金融安全并不意味着要消除所有的金融风险，监管机构不能也不该阻止银行必须承担的谨慎风险。消灭了风险也就放弃了收益，放弃了金融业的发展。② 而金融法正是通过金融法的社会责任本位价值导向使金融回归为实体经济服务的本位，对金融主体及其行为的金融法规制使金融尽可能地走向“理性”，以更加角色化的金融法责任设置使金融活动立足于实体经济基础并承担“信用”风险，从而营造一个维护金融体系、发挥金融功能的法律秩序。③

因此，对混业经营的法律限制应当以承认混业经营的效率价值为起点，纠正混业经营中出现的背离实体经济、热衷投机、侵害金融消费者利益等异化现象，最终的目标仍然是在保障金融安全的情况下推动金融业的发展，提高经济效率。

既然混业经营法律限制制度是在混业经营的效率价值基础上的安全追求，那么其制度设计就应关注以下几个问题。第一，应当在基本法中承认混业经

① 张立洲：《走向混业经营之路——金融创新、金融结构与经营体制变迁研究》，中国金融出版社 2003 年版，第 23 页。

② 张忠军：《论金融法的安全观》，载《中国法学》2003 年第 4 期。

③ 徐孟洲、杨晖：《金融功能异化的金融法矫治》，载《法学家》2010 年第 5 期。

营的合法地位，这既是对混业经营效率的认可，也是进一步进行法律限制的基础。第二，对混业经营活动的限制应通过法律方式进行，减少行政审批、行政命令的“突击式”监管，使混业经营活动稳定地发挥效率优势。第三，对混业经营活动的限制应当明确，减少金融机构的合规成本。

二、对混业经营的法律限制不等于对营业自由的剥夺

（一）金融机构的混业经营活动是营业自由的体现

正如哲学中的经典问题所疑：“为什么某一个体应该服从于其他个体？人们在什么情况下服从？”① 人类对快乐和幸福的追求需要通过生命权、财产权、不受侵犯权和自由权来保障，一定程度的自由权利对于个体而言十分必要。经济自由就是个体自由在经济生活中的体现，主要包括职业自由、营业自由和相关的迁徙自由等内容，它是相对于个体的政治自由、社会自由和文化自由而言的，同属于个体基本自由的构成部分。②

营业自由包含于个体经济自由中，其基本含义是：任何人针对国家享有自由选择营业并从事该项营业的权利。作为基本权利的营业自由具有主观权利与客观法的内涵，既能在一定程度上排除国家的妨碍与侵害，也要求国家应当负有积极的义务，为营业自由提供制度性保障，为营业自由的实现提供组织与程序的保障，同时也应当保护营业自由不为第三人所侵害。③ 营业自由体现了个人和团体在经济领域的发展空间，是推动现代化社会经济发展的重要因素。营业自由可由获得职业教育的权利、营业许可资格的取得权、选择营业类别的自由、经营自由以及停业自由等事项组成。其中经营自由主要包括营业时间自由、营业地点自由、营业方式自由、营业内容自由、使用员工自由、投资自由等。

混业经营是20世纪初在世界范围内逐渐开展起来的，金融机构为了适应金融业的结构变化，逐渐开始了银行业、证券业、保险业等多业并举，互相

① ［英］以赛亚·伯林：《自由及其背叛》，赵国新译，译林出版社2005年版，第1页。

② 刘宏渭：《论营业自由及其在我国的实现路径》，载《山东大学学报（哲学社会科学版）》2011年第6期。

③ 潘昀：《论宪法上的营业自由》，浙江大学2014年博士学位论文。

渗透，越来越趋于全能化和同质化。在混业经营中，金融机构从事的金融业务相互渗透并互相融合，开发的金融资产日益多样，金融工具和金融产品的衍生化和性质综合化。这正是金融机构营业方式自由、营业内容自由、投资自由的体现。

（二）对混业经营活动的法律限制并不违背营业自由

人类的自由也应当有适当的范围，“人类被允许个人或集体的方式对他们的任何成员的行动自由进行干涉的唯一目的是自我防卫，对文明社会的任何一个成员，可以不顾他的意志对他行使正当权利的唯一目的是阻止他伤害别人。”① 只有无害的，才是自由的。尽管营业自由应当是确立商主体营业资格的基本理念，但是国家对营业自由的适度干预仍不可或缺。各个国家或者出于对财政收入的考虑，或者出于对特殊行业的规制，或者出于对所经营事业的特殊性和公共利益的保护，都会对某些行业的营业实行行政许可制度，在未获国家行政机关的营业许可之前，商主体无权经营相关业务。② 显然代表着金融机构营业自由的混业经营活动也不可能是没有边界的，拥有绝对的自由，特别是混业经营存在于对经济整体产生重大影响的金融业中，必然要受到多种因素的限制。金融机构从事混业经营应当受到不危害金融机构本身、不影响国家经济安全、不侵害消费者利益等规则的约束。

混业经营法律限制制度必须协调自由价值与安全价值，而对混业经营的限制性规范也是在从消极方面维护着金融机构的营业自由。限制性规范最直观的效果是对混业经营业务的限制，是对混业经营自由的剥夺。然而限制性规范通过明确的列举“勿为”的行为，并辅以合理的例外条款，实质上给金融机构提供了合法从事混业经营的制度保障，即在不触碰混业经营“禁止性规定”底线的情况下，可以从事符合法律规定的混业经营活动。这一点对我国金融混业经营的深化发展更具现实意义。我国金融基本法长期对金融实践中混业经营的合法地位不予确认，只有宏观的禁止性规范。这种抽象、宏观

① ［英］詹姆斯·斯蒂芬：《自由·平等·博爱——一位法学家对约翰·密尔的批判》，冯克利、杨日鹏译，广西师范大学出版社2007年版，第5页。

② 顾功耘、胡改蓉：《营业自由与国家干预交织下商主体营业资格之维度分析》，载《政治与法律》2011年第11期。

的禁止性规范没有明确金融机构禁止从事的具体业务类型，又与行政规范中对混业经营的多种授权形成了巨大的反差，必然造成金融机构对禁止性业务认识不清，阻碍混业经营的深化发展。因此减少准入监管中具体监管活动的任意性，以法律的方式对混业经营准入禁止性规范进行细化，正是保障金融机构混业经营自由的手段。

构建混业经营法律限制制度不意味着对金融机构混业经营自由的剥夺，这体现在限制主体和豁免情况两个方面。

第一，对混业经营活动进行限制通常是针对符合条件的金融机构，并不是所有金融机构都要受到相同严格规范的限制。例如美国次贷危机后颁布《多德—弗兰克法案》，其中严格限制自营交易活动的“沃尔克规则”就将限制的主体定位为“银行实体”，而并不禁止非银行机构从事相关业务。同时，即使是“银行实体”也不一定都要遵守该禁止性条款，美国 2018 年通过的《经济增长、放松监管和消费者保护法》，是对《多德—弗兰克法案》的修订，其中第二部分减少了对小型社区银行和信贷机构的监管要求，包括放松对社区银行开展自营交易的限制、简化对社区银行的资本要求。该条款规定，总资产不足 100 亿美元，且用于交易的资产和负债不足总资产 5% 的银行，可豁免沃尔克规则关于机构自营交易的限制。韩国《金融控股公司法》也在金融控股公司的投资限制规则中，区分银行机构和非银行机构，分别实施。

第二，对混业经营的法律限制规定还包括大量的豁免条件，即例外条款。英国 2013 年通过《金融服务（银行改革）法》，其中的“围栏原则”要求从事核心存贷款业务的金融机构不能同时从事高风险业务，从整体上禁止栅栏内银行“经营一切投资业务”。但鉴于该禁止性规范的模糊性，又规定了大量的例外规定，以保障金融机构的混业经营自由。“围栏原则”并不禁止银行所在金融集团的其他金融机构从事投资业务。同时又规定了大量的例外业务类型，如为了规避利率风险、汇率风险和流动性风险目的而进行的投资业务，为了分散风险进行的在制定数量限制内的远期合约和掉期合约、期权与掉期期权等金融衍生品交易，为了提供金融支付服务进行的商品贸易、围栏内机构发起的资产证券化和资产担保债券、符合特定要求的贷款和回购交易等，都被认为是可以从事的业务。

第二节　混业经营法律限制的业务类型

类型学是关于客体的类型的哲学方法论学说和具体的学说。客体按其自身的重要属性、关系、联系和结构特征可分为诸类型。① 类型学用于区分并描述事物的不同类型的理论，可以更清晰地认识事物特点。概念的主要作用在于区分不同事物，而类型的主要作用在于概括，以形成一种直观的、整体的认识，类型化思考是一种重要的思维方式。② 类型化研究是社会科学包括经济法学广泛应用的研究方法。③

对混业经营的法律限制的研究最根本的问题就是回答“何种混业经营活动是应当被限制的”以及“被限制的程度”。而这一问题在我国金融法环境下，特别是在混业经营相关规范复杂混乱的语境下，又有特殊的难度和意义。对已有各时期、不同监管主体的行政规范进行整理、分类，总结已有混业经营活动中被许可和禁止的类型，分析不同混业经营活动可能产生的风险和危害，对推动我国混业经营规范的法律化具有重要意义。

一、我国现有混业经营法律限制业务类型的整理及业务限制性规定的现状分析

（一）我国现有混业经营法律限制业务类型的整理

20世纪末以来，我国对混业经营活动的规范体现为金融基本法的宏观禁止、行政规范的多项授权以及不同时期的限制与叫停。下面将对我国的金融基本法、各时期主要的行政规范、以行政命令等非规范方式进行的禁止性规定进行分析整理（见表4-1、表4-2、表4-3）。

① 石磊、崔晓天、王忠编著：《哲学新概念词典》，黑龙江人民出版社1988年版，第56页。
② 陈兴良：《刑法教义学方法论》，载《法学研究》2005年第2期。
③ 张守文：《经济法中的法理及其类型化》，载《法制与社会发展》2020年第3期。

表 4－1 我国金融基本法中混业经营活动的限制性规定

现行法律	允许的业务	限制性规定
《商业银行法》（2015 修正）	第 3 条 商业银行可以经营下列部分或者全部业务： （一）吸收公众存款； （二）发放短期、中期和长期贷款； （三）办理国内外结算； （四）办理票据承兑与贴现； （五）发行金融债券； （六）代理发行、代理兑付、承销政府债券； （七）买卖政府债券、金融债券； （八）从事同业拆借； （九）买卖、代理买卖外汇； （十）从事银行卡业务； （十一）提供信用证服务及担保； （十二）代理收付款项及代理保险业务； （十三）提供保管箱服务； （十四）经国务院银行业监督管理机构批准的其他业务。 经营范围由商业银行章程规定，报国务院银行业监督管理机构批准。 商业银行经中国人民银行批准，可以经营结汇、售汇业务	第 42 条第二款 ……商业银行因行使抵押权、质权而取得的不动产或者股权，应当自取得之日起二年内予以处分。 第 43 条 商业银行在中华人民共和国境内不得从事信托投资和证券经营业务，不得向非自用不动产投资或向非银行金融机构和企业投资，但国家另有规定的除外
《证券法》（2019 修订）	第 120 条第一款 经国务院证券监督管理机构核准，取得经营证券业务许可证，证券公司可以经营下列部分或者全部证券业务： （一）证券经纪； （二）证券投资咨询； （三）与证券交易、证券投资活动有关的财务顾问； （四）证券承销与保荐； （五）证券融资融券； （六）证券做市交易； （七）证券自营； （八）其他证券业务	第 6 条 证券业和银行业、信托业、保险业实行分业经营、分业管理，证券公司与银行、信托、保险业务机构分别设立。国家另有规定的除外。 第 59 条 依法拓宽资金入市渠道，禁止资金违规流入股市。 禁止投资者违规利用财政资金、银行信贷资金买卖证券。 第 128 条第二款 证券公司必须将其证券经纪业务、证券承销业务、证券自营业务、证券做市业务和证券资产管理业务分开办理，不得混合操作

续表

现行法律	允许的业务	限制性规定
《保险法》（2015修正）	第 95 条　保险公司的业务范围： （一）人身保险业务，包括人寿保险、健康保险、意外伤害保险等保险业务； （二）财产保险业务，包括财产损失保险、责任保险、信用保险、保证保险等保险业务； （三）国务院保险监督管理机构批准的与保险有关的其他业务。 保险人不得兼营人身保险业务和财产保险业务。但是，经营财产保险业务的保险公司经国务院保险监督管理机构批准，可以经营短期健康保险业务和意外伤害保险业务。 保险公司应当在国务院保险监督管理机构依法批准的业务范围内从事保险经营活动	第 8 条　保险业和银行业、证券业、信托业实行分业经营、分业管理，保险公司与银行、证券、信托业务机构分别设立。国家另有规定的除外。 第 106 条　保险公司的资金运用必须稳健，遵循安全性原则。 保险公司的资金运用限于下列形式： （一）银行存款； （二）买卖债券、股票、证券投资基金份额等有价证券； （三）投资不动产； （四）国务院规定的其他资金运用形式。 保险公司资金运用的具体管理办法，由国务院保险监督管理机构依照前两款的规定制定

资料来源：根据相关法律整理而成。

表 4－2　我国主要行政规范中混业经营活动的限制性规定

行政规范	颁布机构和时间	限制性规定
《整顿信托投资公司方案》	中国人民银行/1999 年	信托业与证券业分业经营、分别设立、分业管理。对信托投资公司现有的股票经营业务，要通过单独设立或联合组建证券公司、证券经纪公司等方式实行分业经营。 信托投资公司不得吸收存款，不得自营期货和股票，不得用负债资金从事实业投资和贷款
《关于规范银行代理保险业务的通知》	原中国保监会、原中国银监会/2006 年	对银行代理保险业务进行了代理机构资格管理、代理业务内部管理、手续费管理等方面的规范

续表

行政规范	颁布机构和时间	限制性规定
《银行与信托公司业务合作指引》	原中国银监会/2008年	信托公司应当勤勉尽责独立处理信托事务，银行不得干预信托公司的管理行为；理财计划推介中不得使用“预期收益率”、“最高收益率”或意思相近的表述
《关于加强银行代理寿险业务结构调整促进银行代理寿险业务健康发展的通知》（已失效）	原中国银监会、原中国保监会/2010年	加强代理资格的监管。要求商业银行代理寿险业务的，每个营业网点在代理寿险业务前必须取得《保险兼业代理业务许可证》，同时要获得法人授权。 保险公司不得委托没有取得兼业代理资格的商业银行及其网点开展代理保险业务。 商业银行必须加强对保险公司的资格审查，对不符合资质要求的保险公司不得代理业务
《关于规范银信理财合作业务有关事项的通知》	原中国银监会/2010年	加强商业银行与信托公司的合作理财业务监管，要求融资类业务余额占银信理财合作业务余额的比例不得高于30%
《关于规范商业银行理财业务投资运作有关问题的通知》（已失效）	原中国银监会/2013年	对商业银行理财资金投资非标准化债权资产的总额进行限制，规定理财金投资非标准化债权资产的余额在任何时点，均以理财产品余额的35%与商业银行上一年度审计报告披露的总资产的40%之间孰低者为上限
《关于加强证券公司资产管理业务监管的通知》	中国证监会/2013年	2013年6月1日以后，证券公司不再按照《证券公司客户资产管理业务管理办法》的规定，发起设立新的投资者超过200人的集合资产管理计划；符合条件的证券公司，可以按照《资产管理机构开展公募证券投资基金管理业务暂行规定》，依法申请并取得公募基金管理业务资格，依法开展公募基金管理业务

续表

行政规范	颁布机构和时间	限制性规定
《关于规范金融机构同业业务的通知》	中国人民银行、原中国银监会、中国证监会、原中国保监会、国家外汇局/2014 年	严格规范银行表内非标投资，规定买入返售业务项的金融资产为标准券资产要求同业借款业务最长期限不超过 3 年。控制同业融资规模，不得超过银行及资本的 50%，融入资本余额不得超过该银行负债额的三分之一
《证券公司融资融券业务管理办法》	中国证监会/2015 年	未经证监会批准，任何证券公司不得向客户融资融券，也不是为客户与他人、客户与客户之间的融资融券活动提供任何便利和服务
《关于规范投资连结保险投资账户有关事项的通知》（已修改）	原中国保监会/2015 年	对投资连结保险投资账户进行了严格规范，禁止投资账户与保险公司的其他资产之间、投资账户之间，发生买卖、交易、财产转移和利益输送行为
《关于规范证券期货经营机构涉嫌配资的私募资管产品相关工作的通知》	中国证监会/2015 年	坚决清理私募资管产品下设子账户、分账户、虚拟账户情况，持续关注一人多户等新型场外配资的风险，防范场外配资的工作制度和流程
《关于进一步完善人身保险精算制度有关事项的通知》（部分失效）	原中国保监会/2016 年	限制保单贷款比例不得高于保单现金价值或账户价值的 80%，对于附加万能保险和附加投资连结保险等附加险产品进行单独评估，防止保险公司通过投资连结保险、保单贷款、附加险等方式规避中短存续期产品监管政策
《证券期货经营机构私募资产管理业务运作管理暂行规定》	中国证监会/2016 年	进一步重申证券期货经营机构不得开展或参与具有“资金池”性质的资产管理业务，并列举了具体要求
《关于开展银行业“不当创新、不当交易、不当激励、不当收费”专项治理工作的通知》	原中国银监会/2017 年	对商业银行理财业务、投资业务、信托业务等混业经营业务中的“不当交易”“不当创新”等现象进行监管

续表

行政规范	颁布机构和时间	限制性规定
《关于开展银行业“监管套利、空转套利、关联套利”专项治理工作的通知》	原中国银监会/2017年	对商业银行混业经营中出现的“监管套利”“关联套利”等现象加强监管
《关于规范银信类业务的通知》	原中国银监会/2017年	禁止商业银行利用信托通道掩盖风险实质，规避资金投向、资产分类、拨备计提和资本占用等监管规定，或将表内资产虚假出表；禁止商业银行通过信托将信托资金违规投向房地产、地方政府融资平台、股票市场、产能过剩等限制或禁止领域。禁止信托公司接受委托方银行直接或间接提供的担保，不得与委托方银行签订抽屉协议，不得为与委托方银行规避监管规定行为提供通道服务
《商业银行委托贷款管理办法》	原中国银监会/2018	商业银行作为受托人，按照权责利匹配原则提供服务，不得代委托人确定借款人，不得参与贷款决策，不得提供各种形式担保；委托人应自行确定委托贷款的借款人，对借款人资质、贷款项目等进行审查，并承担委托贷款的信用风险。 对委托贷款资金来源提出合法合规性要求，商业银行不得接受受托管理的他人资金、银行的授信资金、具有特定用途的各类专项基金、其他债务性资金和无法证明来源的资金等发放委托贷款。 在资金用途上，资金不得用于生产、经营或投资国家禁止的领域和用途，不得从事债券、期货、金融衍生品、资产管理产品等投资，不得作为注册资本金、注册验资，不得用于股本权益性投资或增资扩股等

续表

行政规范	颁布机构和时间	限制性规定
《关于规范金融机构资产管理业务的指导意见》	中国人民银行、中国银保监会、中国证监会、国家外汇管理局/2018 年	对金融机构开展资产管理业务，应当具备的管理体系、公司治理、风险管理、内部控制和问责机制提出了要求，并禁止将资产管理产品资金直接投资于商业银行信贷资产
《商业银行理财业务监督管理办法》	中国银保监会/2018 年	加强对商业银行理财业务的监督管理，对商业银行理财业务的分类管理、业务规则、风险管理和监督管理进行了规范，提出对理财业务实行穿透式监管、应当通过具有独立法人地位的子公司开展理财业务隔离风险
《关于完善系统重要性金融机构监管的指导意见》	中国人民银行、中国银保监会、中国证监会/2018 年	明确系统重要性金融机构的定义、范围，对系统重要性金融机构制定特别监管要求，以增强其持续经营能力，降低发生重大风险的可能性
《金融控股公司监督管理试行办法》	中国人民银行/2020 年	对金融控公司的市场准入、股东资质、资本和资金运用、股权结构、公司治理和关联交易、风险隔离制度进行了全面规范
《关于保险资金财务性股权投资有关事项的通知》	中国银保监会/2020 年	对保险资金开展财务性股权投资，所投资的标的企业进行了严格限制
《关于规范现金管理类理财产品管理有关事项的通知》	中国人民银行、中国银保监会/2020 年	限制现金管理类理财产品投资债券及资产支持证券的期限和投资对象

资料来源：根据相关行政规范整理而成。

表4－3 我国部分以行政命令方式进行的混业经营限制活动

限制项目	监管机构和时间	限制（叫停）原因
券商与银行合作发行票据类产品①	深圳证监局/2012年	深圳证监局向辖区内证券公司发出口头通知，发行票据类、银行信贷类资产的创新业务。防范通道业务、影子银行业务，对信贷规模进行集中管理
金融租赁资产证券化②	原中国银监会/2013年	避免金融资产风险暴露和扩散，保护中小投资者
平安银行1号小额消费贷款资产支持证券③	中国人民银行/2014年	维护金融产品的审批和交易秩序
信用卡资产证券化④	原中国银监会/2014年	基于信用卡不良率偏高，出于风险防控的考虑，暂停银行信用卡资产证券化项目的申报
融资类收益互换⑤	中国证监会/2015年	防范杠杆率倍数高，和违规代持、规避信息披露等问题
私募股权投资机构挂牌新三板⑥	中国证监会/2015年	私募基金管理机构频繁融资，融资金额和投向引发风险，暂停私募基金管理机构在全国股转系统挂牌和融资，并对前期融资的使用情况开展调研

① 卢远香：《叫停银证合作，监管层严防“擦边球”》，载《中国经营报》2012年6月18日。

② 宁广靖：《金融租赁资产证券化难题待解》，载《新金融观察》，2014年7月14日。

③ 《人民银行新闻发言人接受媒体采访》，载中国人民银行官方网站 http：//www. pbc. gov. cn/goutongjiaoliu/113456/113469/2806959/index. html，2022年3月31日访问。

④ 徐浪：《银监会暂停信用卡ABS项目申请》，载《香城都市报》2014年11月18日。

⑤ 《2015年11月27日新闻发布会》，载中国证监会官方网站 http：//www. csrc. gov. cn/csrc/c100029/c1000216/content. shtml，2022年4月2日访问。

⑥ 《2015年12月25日新闻发布会》，载中国证监会官方网站 http：//www. csrc. gov. cn/csrc/c100029/c1000212/content. shtml，2022年3月31日访问。

续表

限制项目	监管机构和时间	限制（叫停）原因
二元期权类产品①	中国证监会/2016年	其实质是创造风险供投资者进行投机，不具备规避价格风险、服务实体经济的功能
资金池类债券产品②	中国证监会/2017年	中国证监会约谈多家大型证券公司，明确要求清理资金池类债券产品。由于资金池业务背离了资产管理产品独立运作、风险自担的基本特征，容易积累流动性风险，形成刚性兑付的误导性信息，损害了投资者利益
券商资管、私募基金投资委托贷款资产、信贷资产业务③	中国证监会/2018年	中国证监会窗口指导叫停了券商资管及私募基金投资委托贷款资产及信贷资产业务，中国证券投资基金业协会停止对投贷款项目的集合计划的备案，防范资管产品投资非标资产
信托夹层场外配资④	原中国银监会/2018年	有中间级的结构化证券投资业务模式通过设置中间级变相放大了劣后级受益人的杠杆比例
证券公司与私募基金开展场外衍生品业务⑤	中国证券业协会/2018年	中国证券业协会进行窗口指导，暂停私募基金（主体+产品）作为期货风险管理子公司场外衍生品业务的交易对手方。该业务存在变相加杠杆、个人投资者借道入场、变相股票质押等风险

① 《最近我看到很多网站宣传，做外汇、股票等二元期权交易，操作简单方便还可赚大钱，请问我可以参与吗?》，载中国证监会官方网站 http：//www.csrc.gov.cn/csrc/c106299/c1600711/content.shtml，2022年3月31日访问。

② 《2017年5月5日新闻发布会》，载中国证监会官方网站 http：//www.csrc.gov.cn/csrc/c100029/c1000150/content.shtml，2022年3月31日访问。

③ 宏观社论：《金融防风险强监管不可或缺》，载《第一财经日报》2018年1月18日。

④ 金苹苹：《“监管再打‘补丁’信托夹层场外配资被叫停”》，载《上海证券报》2018年1月15日。

⑤ 赵中昊、吴娟娟、王蕊、陈健：《券商暂停场外期权私募业务》，载《中国证券报》2018年4月12日。

（二）对我国混业经营业务限制性规定现状的分析

自20世纪末以来，我国通过行政规范的方式授权的经营活动日益增多，对金融实践中出现问题的混业经营业务进行限制的规范也不少见。整体而言，我国的混业经营禁止性规范呈现出以下几个特点。

第一，业务的许可和禁止都以行政方式主导进行。从表4－1可以看出，虽然2001年后我国金融基本法对金融机构从事混业经营活动的规定有了松动，引入了"但书"规定，但《商业银行法》《证券法》《保险法》中对混业经营的规定仍然只有零星法条。从表4－2和表4－3可以发现，对金融基本法中"但书"规定的执行是交由监管行政机构进行的，混业经营业务的许可和限制体现出强烈的行政色彩。当发现混业经营活动中的问题时，监管机构可以通过"意见""办法""暂行规定""通知""方案"等多种文件形式进行限制，也可以通过非文件的方式如"签报""窗口指导""电话通知""约谈""处罚"等多种行政管理方式进行。

其一，现有的行政监管方式虽然体现了对混业经营规制的灵活性，但缺乏法律规范指引的行政监管形成了混业经营现实乱象与法律缺位的巨大现实落差，违背了法治社会的基本要求。其二，行政主导的规制方式容易形成监管与金融产业利益的融合，导致产业对监管形成依赖。金融产品的合法性取决于监管机构（或其授权的行业协会）的明确认可，市场创新依附于监管规则成为普遍现象。当金融产品处于成长状态，负面效应较低时，监管机构就倾向于培育市场、默许创新；当业务产生乱象时，就出面紧急"叫停"，猛踩刹车。这种由监管机构主导、在监管竞争下形成的局部放松监管缺乏稳定性，无法令市场形成规则预期，所以往往会刺激市场的投机行为，从而产生"洼地效应"，即监管套利，迫使监管规则向管控的取向收缩。① 其三，行政主导的规制方式透明度较低，难以起到法律的示范作用。例如在监管混业经营活动中，下调评级、叫停业务、责令整改等监管措施在实践中得到广泛运用，但大都因缺少公示要求而远离公众视线。为彰显监管高压态势，当前摘要式信息公开内容集中于给予受罚主体的高额"罚单"等制裁结果，而违法

---

① 冯辉：《论金融监管竞争及其法律治理》，载《法学家》2019年第3期。

事实情节、执法依据理由等信息项目则趋于简略化和同质化，对主要违法类型的认定标准和量罚基准尚未能在公开信息中得以明确体现。对社会关注度高、利益涉及面广、市场导向作用强的重大典型案件，一些执法部门习惯于以内部通报代替面向全社会的案情公开。①

第二，不同时期的限制性规范体现出较强的问题应对性，呈现出“突击式”监管、“运动式”监管的特征。2008 年原中国银监会发布了《银行与信托公司业务合作指引》《关于进一步加强信托公司银信合作理财业务风险管理的通知》，2009 年发布《关于进一步规范银信合作有关事宜的通知》，集中限制了“银信合作业务”。影响到相关银行、信托的业务规模达到 8 788. 84 亿。② 2017 年原中国银监会年更是启动轰轰烈烈地开展了“三三四十”专项治理，即“三违反”“三套利”“四不当”“十个方面问题”，涉及问题 5. 97 万个，累计金额约 17. 65 万亿元。③ 这种“突击式”监管往往遵循这样的程序：“出现问题（可能出现问题）—上级发出集中执法命令—运动式执法缓解问题”，其管理重心在于防止问题的蔓延扩大，是一种典型的应对问题的命令式监管思路。④

尽管“突击式”监管有其存在的合理性，金融监管部门的目标是促进金融市场发展，但这种危机应对式的突击监管具有滞后性，既造成了监管成本的增加，又无法挽回前期问题业务的经济成本。“突击式”监管还会损害制度的权威性，“专项治理”时期的惩罚要比“常态治理”时期的惩罚要更严厉。由于“突击式”监管持续时间往往是短期的、集中的治理，也会助长金融机构的侥幸心理、投机心理，认为特殊时期过后就会放松监管。⑤

近年我国在应对混业经营发展乱象时多采用这样的监管方式，先通过行政规范放开某项混业经营业务，在发展了一段时间出现异化之后，再开始集中整治，导致该类业务无论良莠都销声匿迹。这样的“突击式”监管不利于

---

① 陈森：《银行业执法信息公开的反思》，载《中国金融》2019 年第 2 期。

② 张微：《银信合作叫停之后》，载《新理财》2010 年第 8 期。

③ 宋易康：《银监会“三三四十”大检查收官》，载《时代金融》2018 年第 2 期。

④ 徐国冲、张晨舟、郭轩宇：《中国式政府监管：特征、困局与走向》，载《行政管理改革》2019 年第 1 期。

⑤ 闫泓汀：《保险公司穿透式监管的法律规制研究》，吉林大学 2020 年博士学位论文。

混业经营活动的长期稳定开展，其根本原因在于“突击式”监管核心目标是短期内处理问题，缺乏一个可以长久运行的机制，缺乏对混业经营活动的系统性、原则性的法律规制。这样的行动虽然可以弥补常态监管的缺憾，但也无法长久地达到监管的效果，不利于混业经营的深化发展。

第三，限制混业经营活动的主要考虑因素。我国的混业经营活动在20世纪末开始大规模地开展起来，各个监管部门为规范混业经营活动颁布的各类通知、规定、办法数量众多，完全穷尽其中的限制性规范难以实现，也无必要。因为法律规制的根本目标就是要对行为进行类型化分析，并建立某类行为的规范体系，进而赋予其法律的权威性，增加全社会的可预期性。因此对我国已有混业经营法律规范整理的根本目标是对既存混业经营活动进行分类规制，对实践中运行良好的混业经营活动进行肯定和合法化，对可能引发风险又有效率价值的混业经营活动进行附条件许可或限制，对可能引发系统性风险等重大风险的混业经营活动予以禁止。梳理目前限制混业经营活动的考量因素，正是实现这种分类监管的重要标准。目前监管部门对混业经营活动的限制主要基于以下三种考虑，即防范系统性风险、防范金融机构自身的风险和保护消费者权益。例如，对“通道业务”的限制主要是基于防范系统性风险的考虑，规模庞大的通道业务往往演变为“影子银行”业务，借由复杂的套嵌关系进行，增大风险的传染性，极易诱发市场波动和流动性危机，进而造成系统性风险。对二元期权类产品、资金池类债券产品的限制主要是为了保护金融消费者权益。对非标资产投资业务的限制，有利于防范大量短期的同业和理财资金滚动对接中长期非标准化债权资产，期限错配严重，引发的流动性风险。由于非标债权业务融资结构和交易过程复杂，增加了金融风险的隐蔽性和同业之间的传染性。大量非标债权资金投向地方政府融资平台、房地产、矿产等限制性或投机性领域，也增加了风险集中度。因此，对非标资产投资业务的限制有利于防范系统性风险。

二、域外混业经营法律限制经营活动的类型

（一）英国《金融服务与市场法》限制的业务类型

英国《金融服务与市场法》于2001年生效，标志着英国监管体制从注

重行业自律模式变为“制定法规范”为主导的监管模式。该法取代了此前英国制定的一系列监管法律规范，并在此后经过多次修订，成为英国规范金融业的主体法律，堪称英国金融业的“基本法”。①

由于《金融服务与市场法》是统摄银行、保险、证券等所有金融行业的金融基本法，因此其对业务的规定整体上比较原则。该法第 19 条将金融活动的整体列为“受监管的活动”，监管机构的态度是“非经授权或豁免不得经营”。该法的附录二对“受监管的活动”进行了列举，包括了投资交易、安排交易、资产的管理和保护、管理投资、投资建议、建立集合投资计划等多个类别。该法第 105 条、第 106 条对保险业务转让和银行业务转让进行了限制，第 238 条对金融推介进行了限制。第 327 条对行业成员提供的服务进行了限制。

美国次贷危机之后，英国开始施行对金融业特别是银行业的“结构化改革”，其核心是保障银行业基本储蓄业务的安全，将银行从事的其他非核心业务，即高风险投资业务从银行中分离出去，改变银行的结构，使银行更加安全稳健，保护储户和金融消费者的利益。2013 年 12 月，英国颁布《金融服务（银行改革）法》，其核心内容就是建立“围栏原则”，也就是“结构化改革”的核心内容，即在银行核心业务和非核心业务之间建立风险防范的“围栏”机制。“围栏原则”的核心思想是在储蓄业务等商业银行基本业务和其他混业经营业务之间建起“栅栏”进行隔离，商业银行的核心业务放入栅栏内受到特殊保护，其他混业经营业务根据风险的程度分为“不允许放入栅栏的”和“可以放入栅栏”的两类，同时要求商业银行集团在财务、法律等层面严格区分栅栏内外的业务。②

2013 年英国《金融服务（银行改革）法》包含了大量对混业经营活动的禁止性规定，并且 2014 ~ 2016 年间英国政府不断制定“栅栏原则”的实施细则，其中的核心内容都作为相关法条的修正写入了《2000 年金融服务与

---

① 中国证券监督管理委员会组织编译：《英国 2000 年金融服务与市场法》，法律出版社 2014 年版，第 2 页。

② 王兆星：《结构性改革：金融分业混业的中间路线——国际金融监管改革系列谈之九》，载《中国金融》2013 年第 20 期。

市场法》，成为该基本法的一部分。2014～2016 年依据“栅栏原则”对《2000 年金融服务与市场法》进行的修订主要包括 4 项，分别是“2014 年栅栏内的主体和核心业务规定”（2014 No. 1960）、“2014 年禁止与除外行为规定”（2014 No. 2080）、“2015 年（银行业改革）养老金规定”（2015 No. 547）、“2016 年对栅栏内的主体、核心业务和禁止除外行为的补充规定”（2016 No. 1032）。

银行的核心业务包括吸收存款、取款、支付、透支等。“栅栏原则”从整体上禁止栅栏内银行“经营一切投资业务”，同时还授权英国财政部在必要时禁止这些银行从事与特定个人的合同交易、在特定国家建立或经营分支机构、享有特定企业的股权或投票权等活动。但与沃尔克规则不同，“栅栏原则”不禁止银行所在金融集团内的其他金融机构从事该业务，但为了保障集团内储蓄机构的安全性，该法还授权监管部门制定“集团栅栏规则”，即监管部门可以对集团中的“栅栏”内银行提出改革要求，并且“栅栏”内银行与集团中其他金融机构之间的法律地位独立、操作独立、经济独立，以保障储蓄机构的安全。

为了保障“栅栏原则”的灵活性，立法还给予英国财政部广泛的解释权，同时规定财政部对解释权的行使应当符合两个基本原则，即“风险控制原则”和“持续经营原则”。① 风险控制原则是指监管部门应当确保栅栏内的机构不会承担过度的金融风险。持续经营原则是指监管部门要保障栅栏内的机构的特定业务不会增加该机构失败的可能性，从而保障英国银行业核心业务的持续稳定。可以说，这两个原则既是对监管部门监管活动的要求，也是对“栅栏原则”立法本意的描述。

（二）韩国《金融控股公司法》中限制的业务类型

韩国也曾经实行严格的分业经营和分业监管，韩国监管当局曾于 1987 年全面禁止控股公司的发展，但是 1997 年亚洲金融危机后，国际金融市场发生了较大的变化，金融市场间相互融入、金融商品和交易复杂化、大规模金融

① 参见英国《2000 年金融服务与市场法》第 142 条。

公司交易更加集中。[①] 20 世纪 80 年代后，韩国进入促进金融自由化发展期，金融政策倾向于宽松和开放。2000 年，韩国颁布《金融控股公司法》，在法律上确认了韩国银行业、证券业和保险业之间界限被打破的事实，从此控股公司形式获得了韩国法律的认可。《金融控股公司法》包括十章，分为总则、金融控股公司的设立、持有金融控股公司股份的限制、金融控股公司的业务及子公司的吸收、删除事项、金融控股公司的运营、金融控股公司的监督、补则、罚金的征收、罚则。[②]

《金融控股公司法》对金融控股公司运营中的不当混业经营活动进行了多种限制。为了防范垄断形成、预防产融结合风险，《金融控股公司法》第三章详细规定了金融控股公司持有股票的股票限制，规定除特殊情况外，金融控股公司不得持有非金融公司的股票，不得持有子公司以外的关联公司股票。同时为了防止银行安全网泄露、保护储户的利益，规定除特殊情况外，同一人不得持有银行控股公司有表决权的发行股票总额的 10% 以上，非金融主业者不得持有银行控股公司有表决权的发行股票总额的 4% 以上。

为防范利益输送风险、银行安全网扩散风险，《金融控股公司法》第五章第四节规定了大股东、子公司等之间的交易限制。其中，禁止子公司等向所属的金融控股公司提供信贷；禁止子公司等持有同一金融控股公司的其他子公司的股份；限制子公司等向所属的金融控股公司的其他子公司提供信贷；子公司之间相互信贷时须保证担保符合要求；禁止金融控股公司及子公司等相互间进行不良资产交易；遵守关于共同广告及电子系统共享的标准；禁止子公司等向所属的金融控股公司出资；子公司等取得该金融控股公司及该金融控股公司的其他子公司等的股权时，禁止行使该股份的表决权等。[③]

为防范风险转移和利益冲突风险，《金融控股公司法》第六章“金融控股公司的运营”中，规定了子公司等之间的业务委托的限制；第 47 条规定，

---

① 张慧智、翟舒毅、刘雅君：《金融控股公司监管研究——韩国的经验与启示》，载《学习与探索》2016 年第 9 期。

② 本文对韩国《金融控股公司法》的法条分析，参见董新义译：《韩国金融控股公司法》，载《金融服务法评论》2014 年第 1 期。

③ 王士如、任曼洁：《韩国金融控股公司制度的发展与借鉴》，载《政治与法律》2005 年第 1 期。

金融控股公司的子公司等可将金融业或者与金融业具有密切关系的业务、部分经营业务委托给其他子公司等。但是子公司之间的委托可能会存在转移风险、侵害健全的交易秩序或者与客户有利益冲突等情形的，则不得进行委托。

值得关注的是，第 47 条还规定了委托业务的总体禁止原则，即第 47 条第 3 款规定："下列情况可限制该业务的委托或者责令改正：（1）侵害金融机构经营健全性的情形；（2）导致与客户的利益发生冲突的情形；（3）侵害金融市场稳定性的情形；（4）扰乱金融交易秩序的情形。"这为宏观上判断混业经营活动的限制或禁止提供了指导性原则。

（三）我国台湾地区所谓的"金融控股公司法"中限制的业务类型

20 世纪后半期，美国、日本各国金融机构为提升竞争力，多采用异业并购的方式拓展其经营领域，金融集团的组建渐成趋势。面对全球金融业走向大型化、多元化的跨业经营趋势，我国台湾地区金融企业数量多、规模小，面对国际金融机构的强大竞争，金融业在原有分业经营法律体系下面临巨大压力。①

20 世纪末，我国台湾地区为了适应金融整合经营趋势进行了多项金融立法的变革。2000 年 12 月，我国台湾地区修正所谓的"银行法"，对银行转投资证券、保险等金融相关事业采取开放态度。2001 年 6 月，我国台湾地区修订所谓的"保险法"，开放保险业在特定条件下的转投资保险相关事业。2001 年 11 月，我国台湾地区通过所谓的"金融控股公司法"。该"法"包括六章，分别为"总则""转换及分割""业务及财务""监督""罚则""附则"。我国台湾地区所谓的"金融控股公司法"对金融控股公司运营中大量的混业经营活动进行了限制性规定。

为防范产融结合风险和减少垄断的形成，该"法"第 37 条对金融控股公司投资的非金融事业进行了限制。规定对非金融相关行业的其他事业投资，不得超过被投资实业实收资本总额的 5% ，投资总额不得超过金融控股公司实收资本总额的 15% 。

为了减少交叉持股导致的股权结构的复杂化，该"法"对子公司持有金

---

① 李建伟：《金融控股公司的法律规制：台湾地区样本分析》，载《求索》2005 年第 12 期。

融控股公司股份进行了限制。第38条规定金融控股公司或子公司持有已发行有表决权股份总数20%以上或控制性持股的投资事业，不得持有金融控股公司的股份。

为了防范混业经营可能导致的利益冲突风险和系统性风险，建立混业经营活动的防火墙，该“法”对金融控股公司与子公司之间和子公司之间的协同行为进行了限制。将商业银行的业务与证券业务联合起来会带来严重的利益冲突并威胁整个银行系统的安全性和稳定性。而建立金融防火墙，保持金融控股公司内部的相对独立性意义重大。该“法”第43条规定金融控股公司与其子公司及各子公司之间业务或交易行为、共同业务推广行为、资讯交互运用或公用营业设备或营业场所的方式，不得有损其客户权益，不得有限制竞争或不公平竞争的情况。

为防范混业经营导致安全网扩散引发系统性风险，该“法”对金融控股公司各子机构的授信行为进行了限制。该“法”第44条参考美国《联邦储备法》第23条相关规定，金融控股公司的银行子公司及保险子公司对负责人、大股东及其经营的事业等特定机构办理授信时，不得进行无担保授信；为担保授信时准用银行法相关规定。[①]

三、我国混业经营法律限制类型的思考

从对各国和各地区相关法律对混业经营活动的限制性规定的分析可以发现，虽然相关法律规范的具体内容和业务形态不尽相同，但仍能发现其中相似的禁止性规定。如对子公司股份投资的限制、对协同业务的限制、对内部机构贷款的限制、对投资非金融事业的限制等。进一步对这些禁止性活动进行分析可以发现，无论是何种对混业经营的禁止性规定，其目标都是防范混业经营活动引发的特定风险。

金融风险是从事金融活动中遭受损失的不确定性，即指经济主体在从事资金融通活动中遭受资产、信誉和预期收入损失的可能性。[②] 金融具有配置

---

① 石人仁：《金融法论》，三民书局2009年版，第76页。
② 袁达松：《化解金融风险的法律制度》，载《法学》2002年第11期。

金融资源进而管理风险的功能，但金融在管理风险的过程中也与风险伴生。海曼·明斯基更提出，“金融的脆弱性是金融体系内生的，不可避免的”。[①]风险是金融和金融法的出发点，也是金融和金融法的目的地。金融法作为规范金融机构、金融工具和金融市场的部门法，在管理金融所创造出的制度化风险的同时，也起到了保障金融的风险管理功能实现的作用。尤其是在经济金融化和金融全球化的背景下，金融法的重心更由调整当事人融资交易关系为主，转变为通过规制实现防范和化解金融风险和危机等目标，这是一种更高层次的服务。[②] 金融监管应走向法治化、从运动式监管向风险监管改变。[③]

金融的核心问题是管理风险和防范风险，无论是“黑天鹅”还是“灰犀牛”，都是发展金融业必须面对的问题。而金融法的使命就是确定金融基本关系，防范金融风险，在金融业的安全与效率之间寻求平衡。因此，对我国混业经营活动的法律规范也要以防范风险为核心，既要实现混业经营的效率价值和自由价值，又要重点防范混业经营可能产生的特殊风险。也就是说，对混业经营的限制性规范只是在防范混业经营风险的目的下才对混业经营的效率和自由价值进行了牺牲。因此本书对混业经营限制性活动的分类根据也诉诸金融法的核心目标，即风险防范目标。

多国的金融体制都曾经历过金融业的分业经营和混业经营的交错变化，即分业经营和混业经营在不同时期的变换。如美国 1933 年前的混业经营，“大萧条”后的分业经营和 20 世纪 60 年代开始的混业经营。我国也经历了 1995 年前的原始混业经营，1995 年后的严格分业经营和 20 世纪末以来的金融混业经营。各国在金融格局上混业经营和分业经营的纠结主要是由于混业经营兼具明显的效率优势和显著风险。混业经营的主要风险涉及利益冲突风险、安全网扩散风险、损害消费者利益风险和系统性风险，因此对混业经营活动的限制可以就此四种风险的防范为依据进行分类规定，建立以风险为导

---

① Capitalist Financial Processes and the Instability of Capitalist, Journal of Economic Issues, 1980. 14 (2): 505.

② 管斌：《论金融法的风险维度》，载《华中科技大学学报（社会科学版）》2012 年第 4 期。

③ 徐国冲、张晨舟、郭轩宇：《中国式政府监管：特征、困局与走向》，载《行政管理改革》2019 年第 1 期。

向的混业经营风险控制法律制度。

（一）对利益冲突风险行为的限制

金融领域的利益冲突主要是指在两个以上相互对立且合法的利益同时并存的情况下，行为主体基于优先利益的考量，决定选择其中一方的利益而回避他方的利益，甚至为了谋取其所图一方的利益而牺牲他方的利益。① 混业经营中的利益冲突现象较分业经营更为严重，这是因为在混业经营活动中，金融机构往往从事多重业务，具有多重身份。而同一金融机构在多重身份中具有不同的利益，这些利益之间容易发生冲突，进而给消费者、金融安全造成负面影响。

混业经营经常被学者诟病的利益冲突现象存在于银行与证券兼营的情况下。例如，贷款给客户用于购买本银行的股份；贷款部门会利用证券部门为企业发放新的贷款以回收贷款；把证券部门承销的证券强卖给客户或信托部门；利用与客户的存贷业务推销证券部门承销的证券等。② 银行与证券兼营的利益冲突问题会产生很多不利后果：银行经营过多的证券相关业务会导致银行相关资产的波动性，影响银行自身的安全稳健；银行为了自身的利益，利用基础存贷业务获得的客户信息往往会损害金融消费者的利益，扩大金融领域的不平等；最为严重的是，银行基于证券业务放松贷款条件，最终会危害存款人的利益，损害存款保险基金和金融业的整体安全。

金融混业经营同样也加剧了证券投资基金的利益冲突问题。随着业务的多元化，基金管理人和基金托管人业务范围不断扩大，利益冲突产生的可能性也增多。在分业经营体制下，会产生利益冲突的多为基金管理人与基金财产或受益人。而在混业经营体制下，作为托管人的托管银行也可以从事证券等其他业务，所以其也有可能和基金财产或是受益人进行交易，从而产生利益冲突。在金融控股公司中，证券投资基金管理人往往不是以单个机构身份出现，而会以大型金融机构的附属成员或是多家金融机构的集合体身份出现，

---

① 杨惠：《金融混业经营下的利益冲突及防范对策》，载《南方金融》2007 年第 6 期。

② 刘筱琳：《银行业与证券业兼营下的利益冲突与“防火墙”法律制度探讨》，载《法学评论》1999 年第 6 期。

这更加剧了利益冲突现象。①

混业经营活动也使保险机构股票投资成为可能，这虽然能提升保险资金的运用效率，但也产生了利益冲突问题，影响了保险机构的安全和股票市场的长期稳定。内部冲突是由保险机构股东与保单持有人股票投资偏好的异质性所致，表现为保险机构股东竭力规避监管规则，试图集中持有保险机构股权，实施高风险的股票投资行为。而在现行法下，保单持有人无法对保险机构实施有效的监控，其权益有受损之虞。外部冲突是在金融集团架构之下保险业与其他金融行业进行组织上的结合，导致保险机构股票投资行为受金融集团的操纵和控制，而非基于自身利益进行的独立决策。②

（二）对可能引发安全网扩散风险行为的限制

虽然金融安全网的构成应随着经济和金融体系的发展变化及时作出调整，③ 但通常认为金融安全网的要素包括审慎监管、最后贷款人制度和存款保险制度。金融安全网虽然是以保障整个金融系统安全为目标的，但金融安全网中的最后贷款人制度和存款保险制度具有明显的指向性，即保障银行的安全稳健。当然保护银行的安全稳健，实质既是保护存款人的利益，更是保障整个金融体系的安全。

由于金融安全网中有大量针对银行的制度安排，所以在某种程度上最后贷款人制度和存款保险制度给了商业银行一种特殊的“优待”。即使商业银行从事了不当业务引发风险，为了防止其破产影响存款人和金融体系的安全，也会有中国人民银行对其进行流动性支持。同时，若商业银行破产，即使商业银行本身没有清偿能力，也有存款保险弥补存款人的损失。这就引发了商业银行自身和储户的道德风险，商业银行可以凭借最后贷款人制度和存款保险制度降低自己的营运成本，进行大胆的高风险活动。储户基于存款保险制度的存在不再担心自己的储蓄安全，进而使商业银行缺乏有效的外部监管。

---

① 林贵文、罗雪光：《论证券投资基金利益冲突交易》，载《福建政法管理干部学院学报》2004 年第 1 期。

② 胡鹏：《保险机构股票投资法律规制研究》，华东政法大学 2019 年博士学位论文。

③ 何德旭、史晓琳、饶云清：《金融安全网：内在联系与运行机理》，载《当代财经》2010 年第 5 期。

可见金融安全网在保障金融安全的同时也存在弊端，因此对金融安全网的适用应当有限制，不能扩大化，以防范道德风险。

然而，在金融混业经营的背景下，适用于商业银行的金融安全网存在大量漏洞。例如，在金融控股公司中通过一系列业务协同行为，金融控股公司可以在各金融子公司之间重新分配风险和利益，可能导致非银行子公司进行高风险活动，而将可能的损害由银行子公司承担，最终由最后贷款人制度和存款保险制度承担。因此各国金融控股公司法都对子公司之间的协同业务进行了严格限制。金融控股公司或非银行子公司可能作为内部机构和银行子公司发生关联贷款活动，这也是金融安全网扩散的一种表现。因此应当对可能导致安全网扩散的行为进行严格限制。

（三）对损害消费者利益风险行为的限制

消费者是产品的最终购买者和消耗者，消费者的选择关系着整个社会的生产和再生产环节，对市场运行具有重大影响，因此所有关乎市场秩序与微观交易的法律基本上都围绕着如何保护消费者权益这一终极价值而展开。[①] 经济法对消费者的保护以弥补消费者的弱势地位为出发点，给予强势地位的经营者以更多的义务，而赋予消费者以更多的权利，来实现消费者在交易中地位的相对提升。消费者权益保护法的立法基础是对弱势地位者的特殊保护，以促进交易结果公平的实现。

金融消费者虽然在表象上与一般消费者并不相同，带有“投资”的色彩，然而金融消费者弱势地位的情况较一般消费者更严重。金融交易的一个显著特征在于面向未来的本质，而未来是不确定且难以估量的，因此其风险裸露的程度是一般消费无法比拟的。所以信用和信息对于弥补这种不确定性具有更为重要的意义。而由于金融领域的专业技术性，在金融消费领域中信息不对称和信息不完全现象却更为严重，这也使金融消费者难以通过信息实现对自己权益的保护。金融消费者可能购买自己不理解、与自身风险承受能力不匹配的产品，在招致自身损失的同时也致使金融市场价格扭曲，损害金

① 姚佳：《中国消费者法理论的再认识——以消费者运动与私法基础为观察重点》，载《政治与法律》2019 年第 4 期。

融市场功能。[①] 同时，金融消费通常随着时间延续而成为一个连续的过程，一般消费则多数情况下是一次性的交易。一般消费的保护通常是致力于降低交易费用达致局部均衡，因此在一般消费者保护法律中的惩罚性赔偿之类的事后产权保护方法是可行的，但对金融消费者的保护显然要进一步加入博弈思维，侧重机制设计，寻求博弈均衡。[②]

在混业经营活动中，金融消费者易受损害的情况更严重。首先，随着金融业态的融合和金融科技的发展，提供类金融产品的主体日益多元化，金融产品的虚拟性和复杂性也越来越强。金融科技的发展推动了金融创新，而金融创新使非金融机构事实上从事着金融服务，成为实质上的混业经营业务主体。虽然互联网金融平台经历了异化繁荣后已逐渐归于沉寂，但近年来互联网巨头的金融业务却逐渐增多，而金融业务也逐渐成为这些互联网巨头继广告和游戏后的第三大流量变现方式。例如，阿里巴巴集团就拥有花呗、借呗、网金社、招财宝等多项金融业务。腾讯拥有微粒贷、理财通、保险服务等多项金融业务。互联网公司成为金融服务提供者，虽然为金融消费者提供了更多选择，但其非金融机构的身份特点也使相应的监管更加困难。尤其是这些互联网公司的金融业务往往与其他互联网服务相结合，增加了消费者判断风险的难度。线上金融消费者多为自然人，分散且力量薄弱，多数处于从众投资的状态，如果金融风暴发生，难以与互联网巨头进行有效博弈。其次，金融服务提供者的组织融合，使集团公司内部的产品销售具有复杂的关联性。在同一集团中，对复杂产品的不当推介和劝诱更有可能发生。集团公司内部的共同信息更多，加大了金融消费者信息泄露的可能性，更增加了集团公司内部对其关联产品推荐的精准程度，降低了操作的难度。而消费者往往基于信任某一子公司，在不了解具体金融产品的情况下进行了与其承受能力不相符的交易活动。

因此，多国对混业经营活动中侵害消费者利益的行为进行了限制，例如韩国《金融控股公司法》就明确规定，如果存在“导致与客户的利益发生冲

---

① 杨东：《论金融消费者概念界定》，载《法学家》2014 年第 5 期。
② 林越坚：《金融消费者：制度本源与法律取向》，载《政法论坛》2015 年第 1 期。

突的情形”，则业务不能进行。美国的沃尔克规则规定，任何可能涉及或者导致银行实体与客户、消费者、交易对手之间的实质性冲突的交易不合法。

（四）对可能引发系统性风险行为的限制

美国次贷危机之后，各国普遍认识到系统性风险对金融体系和实体经济的破坏作用，纷纷进行了强化监管。不同于个别金融机构的微观风险，系统性风险是指由于金融系统中的部分或者全部机构遭遇经营危机时导致的整个金融服务市场的混乱，而这种混乱很可能对实体经济产生严重的负面效应。① 系统性金融风险是金融体系内出现的表面上看似普通事件所引发的连锁反应，造成金融系统发生剧烈的动荡。现代金融体系包括银行业、证券业、保险业、衍生品市场、其他金融中介机构以及包括支付清算体系在内的金融基础设施等，各金融系统之间的关联性以及金融系统内部具有极强的相关性，形成了高度复杂的网络。一件突发性和不可预测性事件的发生，有可能在金融系统内快速传播，未知的风险最终演化成为现实的金融危机。同时，系统性金融风险具有溢出效应，可能影响到实体经济和就业市场。系统性风险往往具有全局性、内生性、传染性和或然性。②

混业经营增加系统性风险生成和传播的可能性。首先，金融混业经营最显著的特点就是金融业务日益同质化。各金融机构都开始从事其他金融业态的活动，业态差异越来越模糊。而同质化问题会造成金融系统缺乏收敛性，加剧系统偏离稳定状态的风险，在美国次货危机恶化升级为全球金融与经济危机的过程中表现较为明显。③ 其次，系统性风险的传播途径众多，可能在金融机构之间传播，或者通过支付结算系统、资产价格等多种途径传播，甚至可能是纯粹市场信心动荡导致的风险扩散。而混业经营活动增加了金融体系本身的复杂性和关联性，这无疑加剧了系统性风险生成和传播的可能性。特别是在金融控股公司这样复杂的混业经营组织形式中，以及基于混业经营

① 赵霞、王德明：《围绕防范系统性风险界定公序良俗的范围》，载《法律适用》2020 年第 24 期。

② 于品显：《系统性金融风险的界定及传播机制》，载《南方金融》2019 年第 6 期。

③ 董裕平：《防范同质化加剧系统性金融风险——美国次贷危机的警示》，载《中国金融》2009 年第 14 期。

而开发出来的复杂金融衍生工具中，系统性风险的生成和传播更易发生。

美国次贷危机后，我国一直以防范系统性风险为重要的金融监管目标，我国在2012年12月召开的中央经济工作会议上明确提出“坚决守住不发生系统性和区域性金融风险的底线”。2017年第五次全国金融工作会议中，习近平总书记强调“防止发生系统性金融风险是金融工作的永恒主题”。系统性风险一旦形成，将对金融业甚至实体经济产生巨大的危害，因此将可能引发系统性风险的混业经营活动进行限制是我国整体防范系统性风险制度安排的一部分。

但系统性风险的诱发因素很多，既可能是金融机构普遍性风险聚集引发的，也可能是单一事件的扩大发展。因此将“可能引发系统性风险”的业务予以限制，体现在法条中更多的是一种宣示效果，即宏观上确认一切可能引发系统性风险的业务都应予以限制或禁止。在系统性风险防范日益成为金融监管的首要任务的背景下，这样的宣示具有宏观的警示性和兜底性质。这一条文可以囊括多种不当混业经营活动，如对金融控股公司的子公司投资限制，对投资非金融事业的限制，故意规制监管的通道业务等一系列具有不当后果而没有确定业务类型的情况。

第三节　混业经营法律限制的适用条件与豁免情况

对混业经营活动的限制必须在安全价值、效率价值和自由价值之间进行平衡。因此对混业经营的法律限制并不是绝对的，而有其特定的适用条件和豁免情况。

一、特定目的考量

限制混业经营业务的特定目的是防范金融机构过度的风险承担，但在金融市场日益复杂化的背景下，金融机构从事的某些复杂衍生金融业务本身正是为了应对变幻莫测的金融市场中不确定的风险。因此，这一类为了规避风险而进行的混业经营业务虽然形式上较为复杂、风险较高，但对金融机构减少风险的意义重大，所以应当被列入禁止规定的例外事项。例如为了规避利率风险、汇率风险和流动性风险进行的远期合约和掉期合约、期权与掉期期权等金融衍生品交易。对特定混业经营业务进行限制的目的还包括保护消费者利益，但金融机构作为拥有专业知识的金融服务提供者也承担着满足客户多种金融需求的职责，因此“为满足客户要求”而为的特定混业经营业务也是禁止性规范的例外条款。

二、特定交易对象的考量

金融机构为金融中介，与本国的货币传导机制关系密切，我国以银行系统为主体的金融结构决定了商业银行在我国货币政策传导中的核心地位。因此，当商业银行对特定金融工具进行操作时往往既是通过交易获得利益的过程，也是实现国家货币政策传导职能的过程。所以各国对商业银行交易的特定金融工具都制定了禁止性规定的例外条款。例如，沃尔克规则规定对美国政府及其机构、美国联邦国民抵押贷款协会、各州及分支机构等特定债权工具的投资不受禁止性规范的限制；英国“栅栏原则”也规定与英格兰银行或英格兰银行的全资子公司从事的交易业务、商业银行投资其他“栅栏内”机构发行的金融工具不受禁止性规范的限制。因此我国商业银行对中国人民银行等特定机构发行的金融工具进行交易应成为禁止性规定的例外。

三、业务规模的考量

金融混业经营可以发挥规模经营和范围经济效应，因此在混业经营的禁止性规范中必然要考虑限制混业经营业务对金融机构盈利能力、创新能力的影响。所以，多国立法在对混业经营的限制性规范中加入了小规模经营的例外条款，即在宏观禁止特定高风险业务的前提下，允许在不超过一定业务规模的情况下小范围经营此类业务。例如，美国沃尔克规则就规定不超过基金资产总量的3%的特定高风险投资是合法的；欧盟《银行业结构改革法（草案)》也对例外条款提出了小规模的经营要求。对小规模经营的例外规定既可以保障商业银行经营混业经营业务的整体安全，又可以兼顾金融机构业务的灵活性和为消费者提供多元化的金融服务。

第五章

混业经营行为法律限制制度显性化的实现——责任制度研究

法律责任通常是人们对违法行为所应承担的带有强制性的法律上的责任。法律责任以法律义务的存在为前提，违背了法律义务才导致法律责任的出现。显然对混业经营的限制性规定是一种消极的义务，违背了限制性规定的消极义务必然引发相应的责任承担。只有明确混业经营行为法律限制制度的法律责任，才能体现该制度的权威性、惩戒性，从规范上维护限制制度的完整性。[①] 正如哈耶克所说："课以责任的正当理由，是以这样的假设为基础的，即这种做法会对人们在将来采取的行动产生影响；它旨在告知人们在未来的类似情形中采取行动时所应当考虑的各种因素。"[②]

在混业经营行为的法律限制制度中，要实现对相应主体的追究、规诫、警示和引导人的行为，必须最终诉诸责任的承担。但在探寻适当的责任承担方式时必须注意两个问题：第一，在混业经营活动中，不同的混业经营主体在业务类型、组织机构、对金融体系的影响方面差异较大，应当承担的责任不尽相同。第二，违背混业经营限制性规范的责任是何种性质的责任？是行政处罚还是经济法责任，抑或是特殊的责任方式？这也是最终落实责任类型必须明确的问题。

---

① 王艳、谢军：《责任问题的价值论研究》，载《安徽大学学报（哲学社会科学版）》2007 年第 1 期。

② ［英］哈耶克：《自由秩序原理》，邓正来译，生活·读书·新知三联书店 1997 年版，第 90 页。

第一节 责任主体的差异化分析

物质世界是由多不胜数且存在着种种差异的具体事物组成的，差异不仅是事物存在的基本样态，而且是人类从事认识和实践活动的基本的方法论原则。① 由于从事混业经营活动的主体在资产规模、业务结构、经营范围、关联程度、发展战略等方面都体现出较大的差异性，而这些差异性形成了主体从事混业经营业务类型的不同，并导致其对金融安全影响范围、影响程度的不同，因此从公平责任和有效监管的目的出发，应对不同的混业经营主体违背禁止性规定追究不同的法律责任。

一、法律责任主体差异化分析的正当性

违背法律的限制性规定从事混业经营活动，应依据其对金融体系产生的不同影响追究差异化的责任，主要基于下两个理由。

第一，金融机构本身存在差异。随着我国金融业的不断发展，近年来我国各类金融机构的数量均有不同程度的增加。截至 2020 年 12 月 31 日，我国银行业法人机构中共有开发性金融机构 1 家，政策性银行 2 家，国有大型商业银行 6 家，股份制商业银行 12 家，住房储蓄银行 1 家，城市商业银行 133 家，民营银行 19 家，村镇银行 1 637 家，农村商业银行 1 539 家，农村信用社 641 家，农村合作银行 27 家，外资法人银行 41 家，农村资金互助社 41 家，金融资产管理公司 5 家，货币经纪公司 5 家，企业集团财务公司 256 家，贷款公司 13 家，信托公司 68 家，金融租赁公司 71 家，汽车金融公司 25 家，消费金融公司 27 家，其他金融机构 31 家。②

截至 2020 年 12 月 31 日，我国保险机构法人中共有 238 家保险机构及

---

① 邱耕田：《差异性原理与科学发展》，载《中国社会科学》2013 年第 7 期。

② 《银行业金融机构法人名单（截至 2020 年 12 月 31 日）》，载中国银行保险监督管理委员会网站 http：//www. cbirc. gov. cn/cn/view/pages/govermentDetail. html？ docId = 970966&itemId = 863&generaltype = 1，2021 年 6 月 27 日访问。

2 640家保险专业中介机构。[①] 截至2021年5月，我国证券公司共有138家，基金管理公司135家，取得公募资格的资产管理机构15家，证券投资咨询机构83家。截至2021年6月，我国期货公司共150家。[②] 这些银行、证券、保险类金融机构构成了我国不同规模、不同定位、不同功能、不同特色的多层次、多样化的金融体系。虽然近年来随着混业经营的发展，不同金融机构之间的业务差异减小，但追求金融机构和金融业务的经营模式专业化、差异化和特色化又成为新的发展方向。因此面对本身就有差异化的金融机构，不能在承担金融风险责任的时候进行同等对待。

第二，我国金融监管理念逐渐向差异化监管发展。金融监管目标会随着不同的历史阶段、不同的经济环境而变化，从20世纪30年代以前的“自律型监管理论”到20世纪30年代至70年代的“管制型监管理论”，再到20世纪70年代后的“效率型监管理论”。如何提升监管效率是金融监管必须面对的问题。显然世界各国金融体系和金融机构发展程度差异巨大，即使在同一国家，不同类型的金融机构因其自身和发展环境不同也产生了不同的监管要求，因此“差异化”的监管方式更能提高监管效率，促进金融机构的差异化发展，满足不同的金融需求。[③]

近年来我国监管机构逐渐采取了差异化监管的理念，这体现在近年来公布的多项规范性文件中，推动“以差异化监管引导差异化发展”。[④] 2014年中国证监会颁布《私募投资基金监督管理暂行办法》，由此开启了私募基金制度化监管时代。该办法充分考虑了实际情况，特别强调了创业投资基金作为私募投资基金的特殊性，要求对创业投资基金进行差异化监管和差异化服务，这在政策层面为该行业展提供了更为广阔的空间。

---

① 《保险机构法人名单（截至2020年12月31日）》，载中国银行保险监督管理委员会网站 http：//www. cbirc. gov. cn/cn/view/pages/govermentDetail. html？ docId = 970964&itemId = 863&generaltype = 1，2021年6月27日访问。

② 《统计信息——合法机构名录》，载中国证监会网站 http：//www. csrc. gov. cn/csrc/c101969/zfxxgk_zdgk. shtml，2021年6月27日访问。

③ 王婉婷：《中国商业银行差异化监管研究——基于监管效率的视角》，首都经济贸易大学出版社2016年版，第8页。

④ 连平：《以差异化监管引导差异化发展》，载《中国农村金融》2013年第19期。

中国银保监会2019年1月发布的《关于推动银行业和保险业高质量发展的指导意见》提出，到2025年实现金融结构更加优化，形成多层次、广覆盖、有差异的银行保险机构体系。针对各类银行定位，中国银保监会给出了差异化的发展路线。2020年5月中国银保监会发布《信用保险和保证保险业务监管办法》，以风险为导向，围绕“差异化监管，高质量发展”的思路，始终坚持依法合规、小额分散、风险可控的经营原则，该办法主要呈现以下三方面特点：一是聚焦重点业务，实施差异化监管；二是有收有放，兼顾监管与发展；三是强化内控管理，促进高质量发展。2020年12月，中国人民银行、中国银保监会联合发布《系统重要性银行评估办法》，其中明确规定“识别出我国系统重要性银行，每年发布系统重要性银行名单，根据名单对系统重要性银行进行差异化监管，以降低其发生重大风险的可能性，防范系统性风险”。商业银行被认定为国内系统重要性银行不仅将面临更高的资本和监管合规要求，其对规模、业务复杂度的偏好也会受到影响。这一办法标志着银行进入差异化监管时代，纳入系统重要性银行的机构盲目扩张规模的冲动将会受到抑制，银行经营将更加回归服务实体经济的本源。2020年《商业银行法（修改建议稿）》中第85条也规定，国务院银行业监督管理机构根据商业银行资产负债规模、风险水平、系统重要性等因素，对商业银行实施全面持续的差异化监管。

二、系统重要性金融机构在混业经营风险中的加重责任

系统重要性金融机构，是指因规模较大、结构和业务复杂度较高、与其他金融机构关联性较强，在金融体系中提供难以替代的关键服务，一旦发生重大风险事件而无法持续经营，将对金融体系和实体经济产生重大不利影响、可能引发系统性风险的金融机构。① 在美国次贷危机中，雷曼兄弟、美林银行、AIG、花旗集团等大型金融机构的轰然崩塌及其对市场的巨大冲击，让监管机构面临救与不救的艰难选择。最终监管机构的大规模救助引发了公众的不满，爆发了“占领华尔街运动”。美国次贷危机后，系统重要性金融机

① 参见《关于完善系统重要性金融机构监管的指导意见》总则中“（一）机构定义”。

构“大而不倒”的问题，引起了各国的重视，纷纷加强了对系统重要性金融机构的识别和监管。我国也颁布了一系列措施加强了对系统重要性金融机构的监管，如《关于完善系统重要性金融机构监管的指导意见》《系统重要性银行评估办法》《系统重要性银行附加监管规定（试行）》等。

系统重要性金融机构具有特殊性、动态性、强大的外部性、竞争的不公平性几个特征。[①] 其中对混业经营规制影响最大的就是强大的外部性问题。外部性有正负之分，主要依据行为对社会产生的影响而定。正的外部性是社会收益大于成本，而负的外部性是社会成本大于收益，即社会遭受损失。而从系统重要性的判断标准可以发现，系统重要性金融机构就存在较强的负外部性。系统重要性金融机构必须具备较大的规模要求、较强的关联度和复杂性，以及较低的可替代性。[②] 这也意味着系统重要性金融机构规模大、关联企业众多，而且关联企业之间关系复杂；同时，这样大型复杂的金融机构数量较少，具有较强的不可替代性。这些特点在混业经营的背景下不仅没有消弭，反而更为严重，形成了与不同金融业态顺周期风险的共振。可见系统重要性金融机构进行混业经营如果发生风险甚至破产，必将影响整个金融业甚至经济整体的安全，给相关企业、相关金融消费者、其他经济部门造成巨大损失。系统重要性金融机构还会引发溢出效应，即系统重要性金融机构的危机或倒闭不仅会在金融系统内部产生动荡，其威力还会波及实体经济，对实体经济的运行造成严重冲击。[③]

鉴于系统重要性金融机构的特殊风险，尤其是其从事混业经营带来的加重风险，应当要求系统重要性金融机构在混业经营活动中承担更重的责任，即系统重要性金融机构的“加重责任”。一般认为，金融控股公司基于“饿狼假说”“力量源泉”理论、企业责任原理等原因，应当对子公司承担加重责任。显然系统重要性金融机构基本都是采用金融控股公司模式，承

---

① 常健、王清粤：《论系统重要性金融机构的法律特征与风险规制》，载《南京大学学报（哲学·人文科学·社会科学）》2020 年第 1 期。

② 参见《系统重要性银行评估办法》第 14 条。

③ 袁达松、卢伊丽：《系统重要性金融机构监管法律问题研究》，载《政治与法律》2013 年第 2 期。

担加重责任是应有之义。系统重要性金融机构的加重责任主要包括资金保持承诺、银行关闭政策、交叉担保条款、力量源泉原则、资本回复方案五个方面。①

在混业经营活动中，系统重要性金融机构还应承担更多的责任。首先，系统重要性金融机构应考虑产融结合等风险，控制业务扩展的领域，把握发展边界，有效控制风险承担水平。其次，系统重要性金融机构，无论其母公司是银行还是保险等其他公司，都应对银行子公司加强监管和保护，防范混业经营活动事实上损害银行子公司的存款安全，进而危害金融安全。最后，对系统重要性金融机构的高风险业务进行总量控制，保证其自营交易、衍生品交易等高风险业务在全部业务中的比例不能过高，从源头防范风险的发生。

三、系统重要性金融机构的特殊监管要求

为了实现系统重要性金融机构的加重责任，应当对系统重要性金融机构提出特殊的监管要求。这些特殊的监管要求其实也是系统重要性金融机构承担的积极责任。这些特殊的监管要求主要包括附加资本要求、资本约束机制、附加杠杆率要求、流动性和大额风险暴露要求。②

系统重要性金融机构以资本为纽带控制和管理各子公司。其母公司把自有资金作为资本投向子公司，从而形成一种财务杠杆。在这种复杂的资本结构中，子公司还可以用自己的资本继续投向次级子公司，这种控股资本的链条关系多次重复下去，即形成了多重财务杠杆。单个金融机构都能分别满足监管资本要求，但是机构的整体资本水平可能远低于法律的强制性要求。对单个机构的最高风险敞口的监管限制也可以通过系统重要性金融机构的母公司及其下属的关联机构对该机构发放贷款、保证和其他承诺来规避。因此，系统重要性金融机构可以利用较少的资本来控制大量子公司，提高资本的利用率。但层层控股的资本设计，将造成系统重要性金融机构的资本重复计算，

---

① 陈文成：《金融控股公司对附属金融机构责任加重制度研究》，载《上海金融》2009 年第 8 期。

② 参见《系统重要性银行附加监管规定（试行）》第二章“附加监管要求”。

掩盖了其资本不足的真实状况。而且这些高财务杠杆的资金若运用不当，将会引发高财务杠杆风险，一旦某个偿付环节发生风险，将传导造成整个机构的流动性问题。[①] 应在资本充足率要求、风险管理水平等方面将系统重要性金融机构与非系统重要性金融机构进行区分，为系统重要性金融机构设定更高的要求。

资本从根本上可以成为金融机构规模扩张的技术边界，只有控制住资本的总体水平和结构，才能控制住系统重要性金融机构的风险边界。同时，还要考虑资本的构成情况，保证核心资本充足率、一级资本充足率符合要求，提高普通股等能迅速吸收损失的资本的比例，确保发生风险时资本可以迅速变现。另外，还要加强储备资本、逆周期资本管理，按照宏观审慎管理要求，做好压力测试，在监管标准的基础上确定合适的资本调节准备，增强在时间维度上的抗风险能力。[②]

第二节 法律责任的承担方式

法律责任是违法者在法律上必须受到惩罚或者必须做出赔偿，即存在于违法者和救济之间的必然联系。[③] 然而法律责任作为违法的不利后果，其承担方式不一定表现为赔偿，还可能有恢复原状、取消资格、负面评价等多种表达方式。特别是在金融法中，大量金融监管措施和技术性规范的存在使相应的法律责任更呈现出了多样的承担方式。

一、违背混业经营限制性规定的责任性质分析

从事混业经营活动的主体违背禁止性规定，即产生相应的否定性后果。但对于这种基于金融安全、金融监管要求而产生的法律责任的性质在实践中

---

① 李爱君：《系统重要性金融机构的特殊风险法律防范》，载《中国政法大学学报》2015 年第 1 期。

② 冯鸿凌：《宏观审慎视角下系统重要性金融机构监管取向研究》，载《征信》2018 年第 9 期。

③ 蔡宏伟：《“法律责任”概念之澄清》，载《法制与社会发展》2020 年第 6 期。

有很多争议。违背金融监管要求的法律责任是行政责任还是新型责任？其性质是行政处罚还是行政强制措施，抑或是非行政监管措施？要确定具体的法律责任形态，首先要明确这种法律责任的性质。

第一，违背混业经营限制性规定产生的法律责任应当是一种经济法责任。

经济法作为国家干预协调经济之法，其本质任务是纠正政府失灵和市场失灵，以发挥市场机制的有益功能，实现经济的健康稳定发展。与民法以个体利益为本位、行政法以国家利益为本位不同，经济法以社会利益为本位。其对法律责任的追究体现了国家对社会整体利益的维护，且主要集中在经济领域，我们也可称之为“社会整体经济利益”。是国家站在全社会的角度，通过对个体营利性与社会公益性的协调和平衡，修正市场缺陷，熨平经济波动，以保障经济社会全面、稳定、协调和可持续发展。①

显然现代金融法是适应市场的政府干预之法，现代社会的金融立法是为了授权政府依法干预市场，以限制金融风险、协调金融运行、促进经济发展。这种政府干预在早期表现为对金融欺诈行为和金融危机现象的遏制，后来演变为在限制金融业风险的同时，通过金融法治建设促进经济协调发展。② 金融与生俱来的脆弱性和风险性为国家宏观金融调控和微观金融市场规制权提供了正当性和理论依据。国家运用公权力对金融市场进行宏观调控与监管规制是金融法得以产生的客观现实基础。③ 尤其是在混业经营不断发展、系统重要性金融机构对金融体系和经济整体影响日益增大的情况下，利益冲突、安全网扩散、损害金融消费者利益、系统性风险等市场失灵现象越来越多。实质上，美国次贷危机的发生和屡次发生的高风险混业经营业务“暴雷”，都是在混业经营领域市场失灵的表现。因此对混业经营活动的限制性规定体现了国家为纠正市场失灵，在混业经营活动的效率和安全之间进行的平衡选择。在相应的法律责任中体现出大量国家色彩的行政责任和刑事责任，而民

---

① 李晓辉：《经济法责任研究路径的反思与突破》，载《厦门大学学报（哲学社会科学版）》2011 年第 2 期。

② 蓝寿荣：《论金融法的市场适应性》，载《政法论丛》2017 年第 5 期。

③ 刘辉：《金融禀赋结构理论下金融法基本理念和基本原则的革新》，载《法律科学》2018 年第 5 期。

事责任相对较少。这也间接反映出违背混业经营限制性规范主要是从维护国家金融安全和金融业健康发展的角度进行的规范，主要是社会经济发展的需要，而非对个别企业和个人的利益维护。

第二，违背混业经营限制性规定产生的法律责任可以是行政责任、民事责任、刑事责任和新型责任。

虽然对混业经营的法律限制是基于对金融市场失灵的干预和调节，其本质属性是经济法责任，但就其承担责任的具体属性而言，应当隶属于多种责任类型。不能将形式意义上的规范性法律文件中的责任都看作经济法责任，或者说将“经济法主体的责任”等同于“经济法责任”。虽然对混业经营的法律限制规范是经济法规范，但其法律责任终究是混业经营主体承担的，应依据不同的违法情况综合运用多种性质的责任，以实现预防、惩罚、补偿的多重效果。当然，在多种性质的法律责任中，目前仍以行政责任为主，兼有刑事责任、民事责任和一些新型责任方式。这与限制混业经营的主要目的是金融安全、经济安全等社会利益目标直接相关。

其一，相应的法律责任主要体现为一种行政责任。在金融领域中，对违法行为的责任追究目的往往是阻止不当行为的发生，惩罚金融活动经营者。同时追究责任的主体往往是行政机关，即金融监管部门通过监管活动来实现，因此金融法领域中较多的法律责任体现为行政责任，如行政处罚和行政强制措施。根据《行政处罚法》（2021 修订）第 9 条的规定，行政处罚包括警告、通报批评，罚款、没收违法所得、没收非法财物，暂扣许可证件、降低资质等级、吊销许可证件，限制开展生产经营活动、责令停产停业、责令关闭、限制从业，行政拘留等方式。这些行政处罚方式在金融法的实践中经常适用。例如，2020 年中国银保监会制定的《中国银保监会行政处罚办法》第 3 条就规定了多种行政处罚措施，如警告、罚款、没收违法所得、责令停业整顿、吊销金融、业务许可证、取消、撤销任职资格等多种行政处罚方式。依据我国《行政强制法》第 9 条的规定，行政强制措施包括限制公民人身自由，查封场所、设施或财务，扣押财物，冻结存款、汇款等方式。查封相关文件、冻结相应账户也是金融法适用中常见的责任方式，例如《银行业监督管理法》（2006 修正）第 34 条就规定，监管部门可以查阅、复制相关文件资料，对可能转移、隐匿或毁损的文件资料予以“封存”。《保险法》（2015 修正）第 154 条规定监管部门可以对涉案财产或相关证据予以冻结或查封。

目前在我国对混业经营活动的规制中，出现违法行为主要采取的责任方式就是行政责任。例如 2005 年昆仑证券有限责任公司在未取得客户资产管理业务资格的情况下超范围从事委托理财业务，构成《证券法》所规定的“证券公司超出业务许可范围经营证券业务的行为”。2008 年中国证监会吊销了昆仑证券有限责任公司相关人员的证券从业资格证书。2016 年恒大人寿保险有限公司违规开展股票投资，股票投资交易数量多且持有时间短，其中 9 月至 11 月其短期炒作相关股票造成恶劣社会影响，构成了违规运用保险资金的行为，原中国保监会给予恒大人寿保险有限公司限制股票投资 1 年的处罚，并对相关人员处以禁止进入保险业 3 年、5 年的处罚。2018 年中国邮政储蓄银行违反国家规定从事投资活动，中国银保监会北京监管局没收其从事投资活动的违法所得约 2.6 亿元人民币，并处一倍的罚款，加上对其违反审慎经营规则的行为罚款，合计罚款超过 5.2 亿元。

其二，相应的法律责任还包括民事责任、刑事责任和新型责任。金融法中也包含大量对金融交易行为的规范条款，因此混业经营活动违反相关的金融交易规则，侵害交易对方或金融消费者利益，应当承担民事赔偿责任。同时严重危害国家经济秩序的，侵犯金融管理秩序的混业经营活动，也应当承担刑事责任。

值得注意的是，在混业经营活动的禁止性规范中，还应当引入适当的新型责任类型以适应金融市场的变化，提高混业经营活动的监管效率。实践中，监管部门经常使用多种监管手段以应对技术性强、法律关系复杂的金融活动，这些监管措施从目标、功能、具体内容来说，不完全是行政处罚，也不能用行政强制完全代替。虽然《行政处罚法》（2021 修订）增加如通报批评、降低资质等级、限制开展生产经营活动等新的处罚种类，但这些行政处罚种类仍不能将实践中金融监管部门的违法制裁措施完全囊括其中，例如《证券法》（2019 修订）第 188 条、第 189 条规定，对违法参与股票交易或出具专业意见的相关人员违法买卖股票的，应责令其“处理非法证券”，这种责任方式就不是《行政处罚法》确定的处罚种类。同时也不能将这些不能归入具体行政处罚种类的制裁措施都归于含义更模糊、程序更简单、外延更广泛的行政强制措施。行政强制措施是行政机关在行政管理过程中，为制止违法行为、防止证据损毁、避免危害发生、控制危险扩大等情形，依法对公民的人身自由实施暂时性限制，或者对公民、法人或者其他组织的财物实施暂时性控制的行为。限制性的金融监管措施，如停止批准增设、收购营业性分支机构、限制增设分支机构、限制有关股东行使股东权利、限制董事、监事、高级管理人员的薪酬水平、限制经营费用规模等，针对的也同样既不是“公民的人身自由”，也不是“公民、法人或者其他组织的财物”，难以归入“即时强制”。责令性的金融监管措施，如责令转让保险业务、责令增加资本金、责令保险公司依法提取或者结转各项准备金等，尽管可以解释为针对的是“公民、法人或者其他组织的财物”，但又不属于“控制”，因此也难以归入“即时强制”。[①] 同时行政强制措施是一种临时措施，不是终局的处理，因此很多金融监管措施都带有终局性，无法纳入行政强制措施的范围。最后还要看到《行政强制法》第 3 条还专门针对金融监管问题进行了规定，指出“行政机关采取金融业审慎监管措施”，依照有关法律、行政法规执行。也就是说金融审慎监管措施可以使用其他法律行政法规，而不是《行政强制法》。

近年来监管部门面对融合了金融科技、金融创新、业务协同等情况的混业经营，经常采取新型的金融监管措施。例如 2018 年颁布的《关于规范金融机构资产管理业务的指导意见》第 19 条规定，对出现刚性兑付的违法行为，有关机构可以在追究行政责任的基础上将“相关信息纳入全国信用信息共享平台，建立联合惩戒机制”。第 23 条规定，对金融机构开发的人工智能算法中可能产生的“模型缺陷”“系统异常”，可能导致“羊群效应、影响金融市场稳定运行的”，应当采取“人工干预措施，强制调整”等新型处理措施。

---

① 邢会强：《金融监管措施是一种新的行政行为类型吗?》，载《中外法学》2014 年第 3 期。

二、已有责任类型的整理

违背混业经营禁止性规定产生的法律责任类型复杂，形式多样，尤其是近年来在“强监管”的背景下，新型责任方式大量出现。因此，对我国金融法律规范中已有责任类型的整理、分析，能为确定混业经营限制性规范的恰当责任提供有效路径（见表5－1）。

表5－1　部分金融法律规范中的法律责任类型

法规名称	时间	法律责任类型
《金融违法行为处罚办法》	1999年	1. 对相关机构警告、没收违法所得、罚款、停业整顿、吊销经营金融业务许可证、撤销机构、暂停或停止业务； 2. 对直接负责的相关人员警告至开除的纪律处分； 3. 构成相关犯罪的，依法追究刑事责任
《中国银保监会行政处罚办法》	2020年	本办法所指的行政处罚包括： 1. 警告； 2. 罚款； 3. 没收违法所得； 4. 责令停业整顿； 5. 吊销金融、业务许可证； 6. 取消、撤销任职资格； 7. 限制保险业机构业务范围； 8. 责令保险业机构停止接受新业务； 9. 撤销外国银行代表处、撤销外国保险机构驻华代表机构； 10. 要求撤换外国银行首席代表、责令撤换外国保险机构驻华代表机构的首席代表； 11. 禁止从事银行业工作或者禁止进入保险业； 12. 法律、行政法规规定的其他行政处罚

续表

法规名称	时间	法律责任类型
《中国人民银行法（修订草案征求意见稿）》	2020 年	1. 责令暂停部分业务或禁止开展新业务； 2. 撤销有关业务许可； 3. 限制分配红利，限制董事、监事、高级管理人员的薪酬和其他收入； 4. 限制或禁止接入中国人民银行的支付、清算、结算系统； 5. 对再贴现和中国人民银行提供的贷款给予惩罚性利率； 6. 宣告中国人民银行提供的贷款加速到期并要求偿还； 7. 限制资产转让； 8. 限期补充资本； 9. 责令股东转让股权或限制股东权利； 10. 责令调整负有责任的董事、监事、高级管理人员或者限制其权利； 11. 责令转让所控股金融机构的股权； 12. 对债权人依法实施债务减记； 13. 国务院批准的其他处置措施
《商业银行法（修改建议）》	2020 年	商业银行违法行为的处罚 1. 对存款人或其他客户承担相应的民事责任： 2. 责令改正； 3. 没收违法所得； 4. 罚款； 5. 责令停办有关业务； 6. 责令停业整顿； 7. 吊销其经营许可证； 8. 取缔擅自设立的商业银行； 9. 构成犯罪的，依法追究刑事责任。 对直接责任人员的处罚： 1. 全部或部分赔偿责任； 2. 纪律处分； 3. 警告； 4. 没收违法所得； 5. 取消一年以上直至终身的任职资格； 6. 禁止一年以上直至终身从事银行业工作； 7. 构成犯罪的，依法追究刑事责任； 8. 监管机构采取的其他相应措施

续表

法规名称	时间	法律责任类型
《证券法》（2019修订）	2019年	对违法证券公司的处罚： 1. 赔偿损失； 2. 责令改正； 3. 警告； 4. 没收违法所得或业务收入； 5. 罚款； 6. 限制业务活动，责令暂停部分业务，停止核准新业务； 7. 撤销有关业务许可； 8. 停业整顿； 9. 指定其他机构托管、接管或者撤销； 10. 取缔违法设立的机构； 11. 处理非法持有的证券； 12. 限制分配红利，限制向董事、监事、高级管理人员支付报酬、提供福利； 13. 限制转让财产或者在财产上设定其他权利； 14. 责令更换董事、监事、高级管理人员或者限制其权利； 15. 认定负有责任的董事、监事、高级管理人员为不适当人选； 16. 纳入诚信档案； 17. 构成犯罪的，依法追究刑事责任； 18. 法律、行政法规规定的其他相应责任。 对直接责任人员的处罚： 1. 警告； 2. 处分； 3. 通知出境入境管理机关依法阻止其出境； 4. 申请司法机关禁止其转移、转让或者以其他方式处分财产，或者在财产上设定其他权利； 5. 罚款； 6. 责令负有责任的股东转让股权，限制负有责任的股东行使股东权利； 7. 采用证券市场禁入的措施； 8. 构成犯罪的，依法追究刑事责任； 9. 法律、行政法规规定的其他相应责任

续表

法规名称	时间	法律责任类型
《保险法》（2015 修正）	2015 年	对违法保险机构和保险组织的处罚： 1. 承担赔偿责任； 2. 责令改正； 3. 没收违法所得； 4. 罚款； 5. 限制业务范围； 6. 吊销业务许可证； 7. 停止使用保险条款和保险费率，一定期限内禁止申报新的保险条款和保险费率； 8. 限制向股东分红； 9. 限制固定资产购置或者经营费用规模； 10. 限制资金运用的形式、比例； 11. 限制增设分支机构； 12. 限制董事、监事、高级管理人员薪酬水平； 13. 限制商业性广告； 14. 限制股东权利； 15. 责令增加资本金、办理再保险； 16. 责令撤换外国保险机构首席代表； 17. 责令拍卖不良资产、转让保险业务； 18. 责令股东转让所持公司股权； 19. 责令调整负责人及有关管理人员； 20. 责令停止接受新业务； 21. 停业整顿； 22. 取缔机构； 23. 撤销机构； 24. 接管； 25. 构成犯罪的，依法追究刑事责任。 对直接责任人员的处罚： 1. 警告； 2. 罚款； 3. 撤销任职资格； 4. 通知出境管理机关依法阻止其出境； 5. 申请司法机关禁止其转移、转让或者以其他方式处分财产，或者在财产上设定其他权利； 6. 禁止有关人员一定期限直至终身进入保险业； 7. 构成犯罪的，依法追究刑事责任

续表

法规名称	时间	法律责任类型
《金融控股公司监督管理试行办法》	2020 年	1. 责令限期改正； 2. 没收违法所得； 3. 罚款； 4. 限制经营活动； 5. 限制向股东分红，限制董事、监事、高级管理人员的薪酬和其他收入； 6. 调整负有责任的董事、监事、高级管理人员或限制其权利； 7. 要求其股东转让股权或限制股东权利； 8. 限期补充资本； 9. 转让所控股金融机构的股权； 10. 撤销行政许可； 11. 实施市场退出； 12. 涉嫌构成犯罪的，移送有关机关依法追究刑事责任； 13. 中国人民银行可以会同国务院银行保险监督管理机构、国务院证券监督管理机构对其采取其他纠正措施

资料来源：根据相关规范整理而成。

通过对以上法律规范中责任类型的归纳整理，可以发现：金融基本法和相关规范中对金融违法行为适用的责任类型非常多样。从责任主体来看，既有金融机构、行业协会、相关机构的法人责任，又有违法活动主要负责人的个人责任。从责任的功能来看，其中既有制止违法行为的限期改正、限制经营、责令调整业务结构或资产结构、责令出售资产或转让业务等，也有惩罚性的如罚款、处分，有预防性的市场禁入、限制股东权利、要求转让股份或控制权等。从责任性质来看，既有民事责任、刑事责任，也有行政责任和新型责任，如限制薪酬、限制商业性广告、限制股东权利、计入诚信档案、责令调整相关人员、要求转让股权、责令出售资产或业务、处理非法证券等。从发展的时间维度来看，近年来金融监管机构日益要求金融监管中的法律责任规范化，行政处罚的种类、程序的规定越来越完备。但同时随着时间的推移，金融科技的影响越来越深入，近年来我国的法律规范中对金融违法行为的责任类型也呈现出新型责任越来越多样的趋势。这些新型的责任方式，无论是追责目标还是责任构成方面，都与现有的行政处罚措施或者行政强制存在差异，不能被现有的行政处罚措施或行政强制措施完全涵盖，对实现特殊的金融监管目标有积极意义。因此，应当在混业经营限制性规范中引入多种责任以实现对混业经营的有效监管。

三、违背混业经营限制性规范的责任承担方式

目前对混业经营限制性规范的责任规定主要体现在以下两类规范中。第一类是金融基本法中的规定。《商业银行法》（2015 修正）第 74 条对违反分业经营原则的活动规定了法律责任，《保险法》（2015 修正）第 160 条对超出批准的业务范围的经营活动规定了法律责任，《证券法》（2019 修订）中没有具体针对混业经营活动的法律责任，只有第 140 条从宏观上规定了证券公司“治理结构、合规管理、风险控制”不合法的法律责任。第二类是法律规范的规定。如《金融控股公司监督管理试行办法》第 20 条规定，对金融控股公司不当干预子公司活动造成相关人损失的，承担损失赔偿责任；第 47 条对金融控股公司违法经营或经营不善产生重大风险的情况规定了限制经营活动、限制分红、转让股权、限制股权等一系列责任。

现有对混业经营限制性规范的责任规定，往往与其他违法经营活动一同规定，在金融基本法中甚至没有关于混业经营活动的违法责任规定。这导致责任类型的规定同质化，缺少对混业经营跨业风险的针对性追责，无法起到对违法混业经营活动的及时制止和预防作用。针对可能引发利益冲突的行为风险、引发安全网扩散行为风险、损害消费者利益行为风险和引发系统性风险的行为这四类行为，应当分别规定相应的法律责任。如对损害消费者利益的行为，应规定以民事责任为主，增加相关金融机构的说明义务、适当性义务等内容的规定，同时结合《消费者权益保护法》的相关规定，增加对金融消费者损失的赔偿数额。对可能引发利益冲突的行为，如金融机构的协同销售活动、内幕交易活动等情况，应当依据程度不同承担对受损者的民事赔偿，责令改正、没收违法所得、罚款、高级管理人员个人责任等行政责任。对可能导致安全网扩散的行为，如金融控股公司对银行子公司的不当控制、银行子公司对其他子公司的不当贷款等，由于其对银行体系、存款人利益、整个

金融体系的危害，应从金融安全的角度规定从责令改正、罚款至限制业务范围、停业整顿、吊销许可证、整改等一系列严格责任，同时对金融控股公司和相关责任人规定限制股权、要求转让股权至丧失实质控制权的处罚，也应当包括相应的刑事责任。对可能引发金融系统性风险的行为作为兜底条款，可以视情节轻重，规定从行政处罚至刑事处罚的多种责任。

参考文献

一、中文著作类

［1］［美］哈威尔·E·杰克逊，小爱德华·L·西蒙斯．金融监管［M］．吴志攀等译，北京：中国政法大学出版社，2003.

［2］蔡奕．银行参与证券业务热点透析［M］．北京：北京大学出版社，2006.

［3］丁邦开，周仲飞．金融监管学原理［M］．北京：北京大学出版社，2004.

［4］郭敏，等．多元化金融集团的组织经济学分析［M］．北京：人民出版社，2005.

［5］胡浩．银证合作［M］．北京：中国金融出版社，2006.

［6］李昌麒．经济法学（第三版）［M］．北京：法律出版社，2016.

［7］凌涛，张红梅．金融控股公司监管模式国际比较研究［M］．上海：上海三联书店，2008.

［8］鲁篱．经济法的基本范畴研究［M］．北京：法律出版社，2008.

［9］彭金隆．金融控股公司：法制监理与经营策略［M］．北京：中国人民大学出版社，2005.

［10］美国《联邦存款保险法》《银行控股公司法》［M］．邱海洋，刘萍译．北京：中国政法大学出版社，2005.

［11］沈悦，王小霞．中国金融自由化进程中的安全预警研究［M］．北京：科学出版社，2010.

［12］王国刚．全球视角下的金融混业现象：多维度透析［M］．北京：

人民出版社，2006.

［13］王婉婷．中国商业银行差异化监管研究——基于监管效率的视角［M］．北京：首都经济贸易大学出版社，2016.

［14］王正茂，等．金融监管的国际比较［M］．北京：国家行政学院出版社，2011.

［15］杨松，等．银行法律制度改革与完善研究［M］．北京：北京大学出版社，2011.

［16］周仲飞．银行法研究［M］．上海：上海财经大学出版社，2010.

［17］朱崇实，刘志云，等．混业经营趋势下的中国金融监管法：挑战与革新［M］．厦门：厦门大学出版社，2013.

［18］朱大明，陈宇．日本金融商品交易法要论［M］．北京：法律出版社，2017.

［19］中国证券监督管理委员会．英国2000年金融服务与市场法［M］．北京：法律出版社，2014.

二、中文期刊类

［1］高海红，高蓓．中国影子银行与金融改革：以银证合作为例［J］．国际经济评论，2014（2）．

［2］顾功耘，胡改蓉．营业自由与国家干预交织下商主体营业资格之维度分析［J］．政治与法律，2011（11）．

［3］纪崴．银保新规带来的改变［J］．中国金融，2014（13）．

［4］雷兴虎．论我国金融控股公司的风险防范法律机制［J］．中国法学，2009（5）．

［5］黎四奇，宋孝悌．中央银行最后贷款人法律制度的演变及对我国的借鉴［J］．湖南大学学报（社会科学版），2007（3）．

［6］李昌麒．论经济法语境中的国家干预［J］．重庆大学学报（社会科学版），2008（4）．

［7］李文泓，王刚．美国实施沃尔克规则的最新进展与启示［J］．国际金融研究，2011（9）．

［8］廖凡．竞争、冲突与协调——金融混业监管模式的选择［J］．北京大学学报（哲学社会科学版），2008（3）．

［9］刘明彦，英国银行业围栏改革述评［J］．银行家，2011（12）．

［10］刘瑛．后金融危机时期金融控股集团监管模式探析［J］．国际经贸探索，2010（3）．

［11］秦亚东，杨健．论我国资产证券化的法律风险——从美国次贷危机谈起［J］．当代法学，2009（2）．

［12］清华大学国家金融研究院《商业银行法》修法研究课题组．综合化经营下商业银行的业务结构研究［J］．清华金融评论，2016（6）．

［13］沈伟．中国的影子银行风险及规制工具选择［J］．中国法学，2014（4）．

［14］田苗，毕贺轩．解读银信理财业务监管新规　探究银信合作新趋势［J］．武汉金融，2012（3）．

［15］王晓倩．银行理财产品监管套利模式及监管对策研究［J］．现代财经，2015（3）．

［16］王兆星．机构监管与功能监管的变革——银行监管改革探索之七［J］．中国金融，2015（3）．

［17］王兆星．金融综合经营与分业监管变革——银行监管改革探索之五［J］．中国金融，2014（23）．

［18］吴晓灵．金融综合经营趋势——中国金融控股公司模式选择［J］．科学决策，2004（9）．

［19］吴永辉．我国金融集团发展现状及法律监管［J］．法治论丛，2010（1）．

［20］夏秋，罗然然．金融混业经营趋势下中国金融监管改革探讨——基于商业银行视角［J］．西南金融，2016（6）．

［21］邢会强．商业银行的公共性理论——兼论商业银行收费法律问题［J］．现代法学，2012（1）．

［22］宣文俊．我国金融业混业经营的法律框架思考［J］．法学，2005（1）．

［23］杨东．市场型间接金融：集合投资计划统合规制论［J］．中国法

学，2013（2）.

［24］杨惠．机构监管与功能监管的交错：美国 GLB 法案的经验［J］．财经科学，2007（5）.

［25］杨松，魏晓东．次贷危机后对银行监管权配置的法律思考［J］．法学，2010（5）.

［26］杨松，闫海．银行代理保险业务的法律规范体系研析［J］．法学评论，2010（5）.

［27］姚军．我国金融控股集团发展模式选择及治理结构的再造［J］．暨南学报（哲学社会科学版），2015（8）.

［28］于永宁．金融监管模式的博弈与选择［J］．山东大学学报（哲学社会科学版），2011（4）.

［29］张春丽．信贷资产证券化信息披露的法律进路［J］．法学，2015（2）.

［30］张洪波．以安全为中心的法律价值冲突及关系架构［J］．南京社会科学，2014（9）.

［31］张琳，叶凡．银证合作下的金融创新［J］．中国金融，2012（22）.

［32］张双梅．金融监管权比较研究——以综合经营为视角［J］．法学杂志，2011（3）.

［33］张学安，檀吓俤．论政府对投资银行的风险监管［J］．河北法学，2009（8）.

［34］刘志伟．金融法中混业“但书”规定之反思［J］．法学研究，2019（6）.

［35］鲁篱．论金融司法与金融监管协同治理机制［J］．中国法学，2021（2）.

［36］盛松成，张承惠，彭文生，等．中国金融开放的形势研判与风险预警讨论［J］．国际经济评论，2020（6）.

［37］冯辉．金融整治的法律治理——以“P2P 网贷风险专项整治”为例［J］．法学，2020（12）.

［38］周荃．金融领域中监管与司法的博弈与融合［J］．法律适用，

2020（8）.

［39］鲁篱，陈阳．论我国金融监管“试验性规制”的路径与机制［J］．社会科学研究，2021（1）.

［40］卢超．事中事后监管改革：理论、实践及反思［J］．中外法学，2020（3）.

［41］缪因知．新兴法领域的社会科学运用：以金融法为中心［J］．思想战线，2020（6）.

［42］陆海天．论我国银行业行为监管的执法困境及其现实出路——以银行业“不规范经营”监管执法为中心［J］．法律科学，2020（4）.

［43］赵霞，王德明．围绕防范系统性风险界定公序良俗的范围［J］．法律适用，2020（24）.

三、外文文献类

［1］BENSTON G J，HARLAND J. Separation of Commercial and Investment Banking［M］. Springer，1990.

［2］FEIN M L. The Convergence of Financial Products and the Implications for Regulatory Convergence［R］. a Symposium：Can We Improve Policy – Making in Financial Services Regulation，Sponsored byAmerican Enterprise Institute，2007.

［3］Grant J K. What the Financial Services Industry Put Together Let No Person Put Asunder：How the Gram – Leach – Bliley Act Contributed to the 2008 – 2009 American Capital Market Crisis［J］. Albany Law Review，2009（73）.

［4］Barth JR，CaprioG，Levine R.，Rethinking Bank Regulation：Till Angels Govern［M］. Cambridge University Press，2008.

［5］Joint Forum（Basel Committee on Banking Supervision，International Organization Securities Commissions，International Association of Insurance Supervisors，C/O Bank for International Settlements），Principles for the supervision of financial conglomerates（2012）.

［6］MACEY J R，HOLDCROFT JR J P. Failure Is an Option：An Ersatz – Antitrust Approach to Financial Regulation［J］. The Yale Law Journal，2011

(120).

[7] MERKLEY J, LEVINC. The Dodd – Frank Act Restrictions on Proprietary Trading And Conflicts of Interest: New Tool to Address Evolving Threats [J]. Harvard Journal on Legislation, 2011 (48).

[8] COLOMBO N J., The Flawed Explicit Safety Net: How Federally Sponsored Deposit Insurance Contributes to Financial Crisis [J]. Fordham Law Review, 2013 (82).

[9] OMAOVA ST., From Gramm – Leach – Bliley to Dodd – Frank: The Unfulfilled Promise of Section 23A of the Federal Reserve Act [J]. North Carolina Law Review, 2011 (89).

[10] MOENNINGHOFFDU SC, WIEANDTDU A. Too Big To Fail? – Lessons from the Financial Crisis [J]. Revue economic finance, 2011 (1).

[11] SCHWARCZ SL., Controlling Financial Chaos: The Power and Limits of Law [J]. Wisconsin Law Review, 2012 (3).

[12] SCHWARCZ SL. Regulating Financial Change: a Functional Approach [J]. Minnesota Law Review, 2016 (100).

[13] SCHWARCZ SL. Ring – Fencing [J]. Southern California Law Review, 2013 (87).

[14] TAYLOR M W. "Twin Peaks": A regulatory structure for the new century [J], the Centre for the Study of Financial Innovation. Centre for the Study of Financial Innovation, 1995 (20).

[15] WHITEHEAD, C K the Volcker Rule and Evolving Financial Markets [J]. Harvard Business Law Review, 2011 (1).